新世纪中国金融改革与发展丛书

区域金融改革
探索与实践

徐忠 ◎ 主编

QUYU JINRONG GAIGE

TANSUO YU SHIJIAN

中国金融出版社

责任编辑：仲　垣
责任校对：潘　洁
责任印制：裴　刚

图书在版编目（CIP）数据

区域金融改革探索与实践（Quyu Jinrong Gaige Tansuo yu Shijian）/徐忠
主编 . —北京：中国金融出版社，2018.1
（新世纪中国金融改革与发展丛书）
ISBN 978 - 7 - 5049 - 9295 - 6

Ⅰ . ①区…　Ⅱ . ①徐…　Ⅲ . ①区域金融—金融改革—研究—中国
Ⅳ . ①F832. 7

中国版本图书馆 CIP 数据核字（2017）第 267895 号

出版　**中国金融出版社**
发行

社址　北京市丰台区益泽路 2 号
市场开发部　（010）63266347，63805472，63439533（传真）
网 上 书 店　http://www.chinafph.com
　　　　　　（010）63286832，63365686（传真）
读者服务部　（010）66070833，62568380
邮编　100071
经销　新华书店
印刷　保利达印务有限公司
尺寸　169 毫米 ×239 毫米
印张　16. 25
字数　211 千
版次　2018 年 1 月第 1 版
印次　2018 年 1 月第 1 次印刷
定价　56. 00 元
ISBN 978 - 7 - 5049 - 9295 - 6
如出现印装错误本社负责调换　联系电话（010）63263947

新世纪中国金融改革与发展丛书
编 委 会

《区域金融改革探索与实践》
编 委 会

主 编：徐 忠

副主编：卜永祥 刘向耘 纪敏

统 稿：陈继明 唐晓雪

执 笔：引 言 陈继明

第一章 刘 鹏 陈继明

第二章 刘 鹏 陈继明

第三章 唐晓雪 施琍娅 吴培新 周胜强

第四章 陆 红 王去非 许加银

第五章 陈 华 刘文舒 邓亚平

第六章 王亮亮 雷 曜 梁 涛 陈学斌
　　　　黄盛文 刘洪飞

第七章 黄余送 雷 曜 钱 皓 李天忠

第八章 刘 鹏 刘 念 杨少芬 肖宗富

第九章 陈 华 何伟刚 罗永国 朱 锦

第十章 唐晓雪

中国金融改革发展：
内在逻辑与若干经验

一、新世纪中国金融改革发展的背景和起点

自 1978 年党的十一届三中全会作出改革开放的决定以来，中国金融业开始了从计划经济体制向市场经济体制的深刻转轨。在传统的计划经济背景下，金融活动更多从属于财政活动，服从于经济计划，金融发展处于被抑制状态。随着人们对社会主义市场经济认识的逐步深化，以及改革开放进程的不断推进，需要尊重金融自身发展规律，对金融体系进行重大改革，减少干预，不断增强市场配置金融资源的作用。

（一）建立双层银行体系，引进市场经济金融体系基本结构

20 世纪 70 年代末 80 年代初，我国尚处于向市场经济转轨的早期，当时的经济体制改革主要强调改变政府直接干预市场的做法，即通过政府调控影响市场，由市场引导企业，而不是由国家直接调控企业。1979 年，国家决定在固定资产投资领域进行将财政拨款改为银行贷款的"拨改贷"试点，这要求银行改变其国家计划执行者和国家财政出

纳员的角色。

在这个背景下，按照邓小平同志"要把银行真正办成银行"的指导思想，当时金融领域改革的主要任务是引进市场经济金融体系的基本结构，厘清政府在金融领域的职能边界，重点是通过政企分开，将中央银行和商业性金融体系分开，构建一个双层银行体系。在这个体系中，中央银行专注于宏观调控、金融监管和为银行提供支付清算等金融服务；专业性金融机构则从人民银行独立出来，向企业和居民提供专业金融服务。按照该思路，自 1979 年开始，中国农业银行、中国银行、中国建设银行、中国工商银行等金融机构先后建立或恢复建立。建立双层金融体制是我国金融改革的第一步，具有非常重要的意义，否则后面对金融机构、市场、监管、调控的一系列改革都无从谈起。

（二）完善公司治理结构，推动国有专业银行向商业化转型

20 世纪 90 年代早中期，工、农、中、建四大银行还是国有专业银行，分别服务于工商业、农业、国际业务和项目建设等领域，相互之间缺乏充分竞争。同时，这些银行还承担着各自领域的一些政策性业务，一旦国家有要求，银行必须予以支持，当时甚至出现"包饺子"贷款。这显然不符合竞争性市场的基本要求，也不利于金融健康发展。

1992 年，党的十四大正式提出"我国经济体制改革的目标是建立社会主义市场经济体制"，第一次把"社会主义基本制度和市场经济结合起来"。1993 年，党的十四届三中全会通过了《关于建立社会主义市场经济体制若干问题的决定》，初步形成了社会主义市场经济基本框架。建立社会主义市场经济必然要求推动专业银行向商业银行转型，建立市场化的金融机构。而且，按照党的十四届三中全会关于建立现代企业制度的要求，银行作为商业性机构也应像国有企业一样进行公司治理改革，剥离政策性业务，转变为市场竞争主体。

基于上述考虑，1993 年 12 月，国务院发布《关于金融体制改革的

决定》，决定成立国家开发银行、中国进出口银行、中国农业发展银行三家政策性银行，专门承担政策性金融服务。同时，要求专业银行逐步改革转变为国有独资商业银行，只承担商业性业务，不再按专业领域划分业务，相互之间可以交叉、竞争，以便改进服务。1995年，《商业银行法》出台，从法律上将工、农、中、建四家专业银行正式定位为国有商业银行。

（三）启动汇率改革，配合实体经济对外开放

1979年，为吸引外资，实施对外开放战略，我国颁布了《中外合资经营企业法》。搞中外合资，必然涉及外国资本到国内兑换人民币，必然要有合理的汇率机制，否则外资不愿意进来。这些背景都要求必须对汇率以及外汇管理体制进行改革。

1981年，我国启动汇率改革，人民币兑美元汇率从过去的1美元兑1.53元人民币改为双轨制，即贸易汇率1美元兑2.8元人民币，非贸易汇率不变。这是金融领域改革比较早的一项工作，在当时是相当大的变化。后期，企业要求取消外汇管制的呼声越来越高，但当时思想还不够解放，各方面顾忌较多，采取了过渡性措施，即开始实行外汇留成制度。实际上，外汇留成的本质仍是双轨汇率制度，容易造成价格体系扭曲，甚至寻租、腐败。

1993年筹备党的十四届三中全会过程中，党中央、国务院开始酝酿设计新一轮外汇体制改革。1994年1月1日，正式宣布"改革外汇管理体制，建立以市场为基础的有管理的浮动汇率制度和统一规范的外汇市场"，取消外汇留成制度和外汇兑换券的流通使用，人民币官方汇率和外汇调剂市场汇率并轨，将人民币兑美元汇率统一为1美元兑8.7元人民币。同时，决定实施银行结售汇制度，建立分层次、统一的外汇市场。这标志着人民币汇率形成机制改革迈出了重大步伐，开始转向以市场供求为基础，人民币汇率在外汇资源配置中开始发挥重要作用。

（四）加强整顿，应对亚洲金融风波冲击

到 1997 年亚洲金融风波前，金融改革发展取得不少重要进展，但由于金融标准规制不规范、公司治理结构不完善、资本金不充足等原因，金融体系出现一定程度的混乱，不仅案件频发，还普遍存在不良贷款率高、市场恶性竞争等一系列问题。在亚洲金融风波冲击下，银行业积累了大量不良贷款，相当一部分金融机构经营困难，甚至关闭破产。当时国内外一些学者和媒体认为，中国大型国有商业银行已经到了"技术性破产"的边缘，银行体系迟早会出大问题。

这一阶段金融领域的主要任务是进行整顿并支持国有企业脱困。一是调整金融体系的结构。当时，整个经济体制改革需要在适当分权的基础上，建立合理的中央与地方关系。但在金融方面，需实行垂直管理，减少地方对金融的干预，治理金融"三乱"。因此，1997 年第一次全国金融工作会议对金融体系的组织结构作了一系列调整，明确人民银行和国有商业银行分支机构党组和人事不再由地方领导。二是补充国有独资商业银行资本金。1997 年，将国有独资商业银行所得税税率从 55%（外加 7% 的调节税）下调至 33%，提升商业银行利用内源性融资增加资本金的能力。1998 年，由财政部发行 2 700 亿元特别国债筹集资金补充四家银行资本金。三是配合国家应对亚洲金融风波造成的重大冲击进行恢复。一方面，决定通过债转股减轻国企债务负担。另一方面，1999 年成立了信达、长城、东方、华融四家资产管理公司剥离大型银行不良资产，帮助国企休养生息，摆脱大量职工下岗和效益下滑的困境。

总的来看，经过二十多年的改革探索，到 20 世纪末我国初步建立了与社会主义市场经济相适应的现代金融组织体系、金融市场体系、金融调控和监管体系，市场在资金配置中的作用明显增强，也使我国成功抵御了亚洲金融风波的冲击。但同时，金融领域的转轨特征和传统计划经济色彩仍较明显，一些重大体制机制问题还有待解决。尤其是，为配合服务国企改革攻坚和应对亚洲金融风波的影响，金融体系的健康性遭受一定冲击，国有商业银行和农村金融体系形成了巨大规模的坏账，资本账户可兑换、利率汇率市场化等改革未能按计划推进。如果不妥善解决健康性问题，金融机构和金融市场就很难继续为实体经济改革发展提供支撑，如果处理不及时、不妥当，甚至可能爆发金融危机，拖累实体经济发展。而且新世纪初中国加入世界贸易组织后，扩大开放有了更高要求，金融改革开放也面临更多新的任务和挑战。

二、新世纪以来金融改革发展主要进展

新世纪以来，尤其是党的十八大以来，在党中央、国务院的正确领导下，我国金融改革开放发展取得重大进展，大型国有商业银行成功股改上市，银行业金融机构资产质量、经营效益不断提升，多家机构入选全球系统重要性金融机构，金融体系健康性明显提升；坚持市场化方向，遵循渐进可控原则，不断深化利率汇率市场化改革，基本完成利率市场化改革，人民币汇率弹性显著增强，市场配置金融资源的能力不断提高；宏观审慎政策框架不断完善，成功应对了百年一遇的国际金融危机的冲击，守住了不发生系统性金融风险的底线；以场外市场和机构投资者为主的债券市场快速发展，市场深度和广度显著提升，有效促进直接融资比重提高；金融业双向开放不断扩大，人民币国际化扬帆起航并成功加入国际货币基金组织特别提款权货币篮子，我国金融国际竞争力和影响力显著提高，整个金融业发展迈入新时代。

（一）深化银行业改革

由于长期的政企不分、产权模糊、管理低效等历史原因，我国的金融机构积累了严重的系统性风险。20世纪90年代末，按照当时较低的

会计标准，我国银行业不良率在 30% 左右，虽然 1999 年剥离了 1.4 万亿元不良资产，但大型国有商业银行历史包袱仍然很重，不良率依然过高，资本充足率依然很低，甚至为负。因此，迫切需要采取强有力措施，下大的决心，对银行业进行全面深刻的改革，清理财务不健康问题，对金融机构特别是有影响的大型金融机构进行财务重组，使其恢复到健康状态。

要真正实现我国金融机构的健康化，首要任务是引入国际上更高的标准，提高金融规制的规范化程度。过去，我国很多金融领域的法律法规、制度规则是滞后的，很多标准是在实践的摸索中建立的，有些规则一开始甚至是缺失的。当时银行的贷款分类很不合理，主要采用期限法（"一逾两呆"），结果导致大量不良资产被掩盖。基于此，2001 年颁布了《金融企业会计制度》，对会计准则进行了改进，同时开始实行贷款五级分类制度。这都是非常实质性的、基础性的工作，有助于弄清楚银行不良资产的真实情况，摸清家底，为后续金融机构健康化发展奠定基础。

大型国有商业银行股改上市

建立规范化的金融规则标准后，金融机构财务状况基本合格，但要跟上国民经济迅速发展的步伐，还需要不断增强资本实力。2002 年 2 月，朱镕基总理在第二次全国金融工作会议上指出，要对国有独资商业银行进行股份制改造，条件成熟的可以上市。对银行等金融机构而言，上市除了可以筹集资本外，更重要的是可以按照现代企业制度建立公司治理结构，提升透明度。只有受到来自广大投资者特别是股票市场投资者和战略投资者的压力和监督约束，金融机构才有足够动力加强财务和风险管理。

由于当时的财政资源十分紧张，党中央、国务院在通盘考虑国家可用于金融改革的资源以及运用这些资源对宏观经济的影响后，明确提出了"抓两头、带中间"改革总体战略，即集中有限资源重点推动政策性历史包袱较重的大型商业银行和农村信用社改革，带动政策性历史负担较轻的股份制和城市商业银行等其他金融机构立足自身进行改革发展。

2003 年 5 月 19 日，人民银行行长周小川向国务院作了关于《改革试点——国有商业银行的财务重组》的汇报。这份报告在认真总结我国经济与金融体制改革经验的基础上，研究论证各种可能的注资资源选择，创造性地提出运用国家外汇储备注资大型商业银行，并详细设计了核销已实际损失掉的资本金、剥离处置不良资产、外汇储备注资、境内外发行上市的"四步曲"方案。2003 年 9 月，党中央、国务院原则通过了关于国有独资商业银行股份制改革的总体方案。为推进该项工作，国务院成立了国有独资商业银行股份制改革试点工作领导小组，办公室设在人民银行。

推进国有商业银行股改上市的过程也是形成共识的过程。在税收方面，财政部门给予了较大支持，同意按照新的会计准则核销损失，解决国有商业银行养老退休、医疗、住房货币化等历史包袱，并暂缓银行业营改增，同时将营业税税率从 8% 降到 5%。在注资方式方面，当时也有一些争议。有观点认为，通过再贷款进行注资即可，不需要其他改革方案。最后经过反复征求意见，使用外汇储备注资这个新方案得到国内和国际社会的广泛支持。在机构选择方面，最初因担心改革花费资金太多，只定了一家进行改革。实际上如果只选择一家，其容易与中央讨价还价；选择两家改革，可以形成相互竞争的局面。最后事实证明选择两家进行改革达到了很好的效果。在战略投资者方面，当时有观点认为引进的战略投资者应是商业银行，这样可以借鉴其经营管理经验、引进新产品和客户等，但另一种观点是引进投资者应主要考虑资本，只要投资者关心资本回报率，就会通过多种方式促进银行发展。后来，大型国有商业银行也引入了高盛、淡马锡等非银行的战略投资者，事实表明它们的投资持续期反而比国外商业银行更长。

2003 年以来，交行、建行、中行、工行、农行陆续进行股份制改革，并成功上市，初步建立了相对规范的公司治理结构，内部管理和风险控制能力、市场约束机制明显增强，资产规模和盈利水平均位居全球前列。2016 年末，商业银行业资本充足率 13.3%、拨备覆盖率 176.4%，均显著提高。2011 年以来，中行、工行、农行和建行先后入选全球系统重要性银行（G – SIBs）。改革的实践充分证明，党中央、国务院关于大型商业银行改革的重大决策部署是完全正确的，正是通过改革，大型金融机构的健康性实现了质的飞跃，我国才能成功抵御 2008 年国际金融危机的严重冲击。

农村信用社改革深入推进

新世纪之初，农村信用社资产占到金融系统总量的 10% 左右，不良资产在 50% 左右。2002 年末，全国共有农村信用社 2 535 个，其中 97.8% 资不抵债。为克服农村金融服务不断萎缩和农村金融机构可持续发展能力薄弱等问题，2003 年 6 月，国务院决定在浙江等 8 个省份实施农村信用社改革试点。

考虑到农村信用社比较分散，情况参差不齐，当时改革设计了正向激励机制，把中央银行专项贷款和专项票据的兑付与农村信用社实际改革成效相挂钩，充分调动地方政府和农村信用社的积极性，引导农村信用社逐步"上台阶"。第一个台阶，参加改革的农村信用社，必须对改革计划作出承诺，然后才能获得资金支持和相关鼓励政策。第二个台阶，农村信用社必须使资本充足率上升到 0 的水平后，人民银行方可用专项票据置换其不良资产，同时向农村信用社支付专项票据利息。第三个台阶，专项票据两年到期后，农村信用社资本充足率提高到 2%，公司治理和不良资产消化也达到相应指标，经过验收确认，人民银行可以将票据兑现成现金。

在正向激励约束机制作用下，农村信用社资产质量、盈利能力、支农资金实力、可持续性经营能力均得到明显提高，"花钱买机制"的政策效应不断显现。2016 年末，全国农村信用社资本充足率 12.13%，与 2002 年末相比提高了 20.63 个百分点。农村信用社自 2004 年实现首次轧差盈利后，利润总额快速增长，截至 2016 年末，累计实现盈利 13 437 亿元。

（二）稳步推进利率汇率市场化改革

在金融机构和金融市场逐步健康化、规范化之后，金融改革发展的基础不断巩固，特别是 2013 年党的十八届三中全会更加鲜明地提出"使市场在资源配置中起决定性作用"，在认识和要求上较以往迈上了一个新的大台阶，作为资金主要价格的利率、汇率市场化改革得以再次提速。

利率市场化改革实现重大突破

利率市场化改革的要点是体现金融机构在竞争性市场中的自主定价权，通过差异化定价优化资源配置。从调控的角度看，特别是从以直接调控转向以间接调控为主的过程中，需要有一个顺畅、有效的利率传导机制，并对市场价格形成产生必要的影响。这都要求必须进行改革，形成市场化的利率定价和传导机制。

实现利率市场化是一个长期过程。1993 年 12 月，国务院发布《关于金融体制改革的决定》，提出了利率市场化改革的基本设想。1996 年 6 月 1 日，人民银行取消同业拆借利率上限管理，由拆借双方根据市场资金供求自主确定，这标志着利率市场化迈出了具有开创意义的一步。进入新世纪后，人民银行按照"放得开，形得成，可调控"的原则，"先贷款后存款、先大额后小额，先外币后本币"的总体思路，继续稳步推进利率市场化，着力完善市场化的利率调控传导机制，给予金融机构更大利率定价自主权，充分发挥市场在资源配置中的决定性作用。2006 年，人民银行组织构建了上海银行间同业拆放利率（Shibor），为各类金融产品交易定价发挥了基准作用。同时，分步有序扩大存贷款利率浮动范围，抓住成功应对 2008 年国际金融危机的有利时机，加快推进利率市场化改革，分别于 2013 年 7 月 20 日、2015 年 10 月 24 日放开贷款利率下限和存款利率上限管制。

一般而言，存款利率关系到全社会的资金成本，其市场化对国民经济的影响更加广泛而深刻，完全放开的条件也相对较高。从国际经验看，放开存款利率管制是利率市场化进程中最为关键、风险最大的阶段，一般应置于相对靠后的阶段推进。存款利率市场化这个利率市场化的最后一步，是分若干小步迈出来的。在过去的几年中，存款利率浮动上限经过多次调整直到最后放开，走了五步。2015 年 10 月存款利率上限的最终放开，标志着我国持续 20 多年的利率市场化基本完成，这在利率市场化改革以及整个金融改革历史上，都具有重要的里程碑意义。

在推动利率市场化的同时，货币政策调控框架也在逐步从数量型为主向价格型为主转型。在利率市场化逐步推进的背景下，人民银行在探索构建利率走廊机制方面取得了很好的效果。例如，为稳定短期利率，持续在 7 天回购利率上进行操作，通过开展常备借贷便利（SLF）操作，按需足额提供短期流动性支持，探索发挥其利率作为利率走廊上限的作用。

汇率市场化改革稳步推进

我国汇率市场化改革也走过了较长阶段。新世纪之初，大型商业银行改革刚刚提上议程，很多金融机构的公司治理和抗风险能力尚不足以有效抵御汇改可能带来的风险，因此一方面采取内部磋商开展金融对外交流与合作，化解外部压力；另一方面果断决定先行改革国有商业银行和农村信用社，待这两项改革取得重要进展，宏观调控走上正轨，诸多基础条件成熟之后再正式启动汇改。实践证明，这样的金融改革顺序决策和战术安排是合理的，尽可能地降低了汇改的风险。

2005 年，经过两年多的精心准备和周密部署，人民银行按照"完善人民币汇率形成机制，保持人民币汇率在合理、均衡水平上的基本稳定"的要求，遵循"主动性、可控性、渐进性"原则，再次启动人民币汇率改革。2005 年 7 月 21 日，我国宣布开始实行以市场供求为基础、参考一篮子货币进行调节、有管理的浮动汇率制度，人民币汇率不再盯住单一美元。这要求人民币汇率更多反映经济基本面尤其是国际经常项目收支平衡情况，汇率形成主要由外汇市场的供求关系决定。沿此改革思路，经过 2007 年、2012 年和 2014 年连续三次调整，人民币兑美元交易价日浮动幅度从 3‰扩大至 2%，同时央行基本退出常态外汇干预，人民币汇率弹性显著增强。随着外汇市场对外开放水平的不断提高，金融机构自主定价和风险管理能力不断增强，2015 年 8 月 11 日，人民银行宣布完善人民币兑美元汇率中间价报价机制，强调中间价报价要参考上日收盘汇率，以反映市场供求变化。2017 年 5 月，在中间价报价模型中新增"逆周期因子"，以适度对冲市场顺周期因素，使中间价更加充分地反映宏观经济等基本面因素。

1997 年到 2017 年 8 月，人民币兑美元汇率在 6.09～8.30 区间波动，波动幅度远小于其他主要经济体和新兴市场经济体货币，在合理均衡水平上保持了基本稳定。同时，汇率市场化改革对我国经济转型发展和走向均衡产生了积极影响，为宏观调控创造了有利条件，在应对国内外形势变化中发挥了重要作用。

（三）实施逆周期调控并成功应对国际金融危机

新世纪以来，在经济发展的不同阶段，货币政策根据经济金融形势和物价水平的变化情况，适时适度进行调整，始终坚持金融服务实体经济的本质要求，为经济平稳健康发展和经济体制改革营造了适宜的金融环境。

货币政策调整灵活适度

中国经济自 2003 年进入新一轮上升周期，经济增长速度加快，物价水平有所上升。人民银行及时调整货币政策操作，综合运用中央银行票据、存款准备金等多种货币政策工具，加强流动性管理和货币信贷调控，适当回收流动性，抑制了货币信贷增长偏快的势头。2003—2007

年，先后 15 次上调存款准备金率，对冲了外汇占款所投放流动性的大约 80%。其中，2007 年是调控力度最大的一年，10 次上调存款准备金率，6 次上调存贷款基准利率。2008 年美国次贷危机蔓延加深，国内外经济金融形势发生重大转变，一些金融改革发展任务被迫暂停，首要工作是配合国家应对金融危机冲击。人民银行坚决贯彻落实党中央、国务院应对危机的一揽子计划，及时调整了货币政策的方向、重点和力度，将全年新增贷款预期目标提高至 4 万亿元左右，指导金融机构扩大信贷总量，并与结构优化相结合，向"三农"、中小企业和灾后重建等倾斜；综合运用多种工具，采取一系列灵活、有力的措施，及时释放确保经济增长和稳定市场信心的信号，5 次下调存贷款基准利率，4 次下调存款准备金率，保持银行体系流动性充分供应，促进货币信贷合理平稳增长，帮助中国经济在 2009 年率先实现企稳回升。

对于应对危机的临时性刺激措施，出拳要猛、收拳也要及时。考虑到中国易热不易冷的体制特征，宽松货币条件可能产生一定的副作用，随着形势好转必须果断决策，适时调整政策取向和力度，及时退出相关刺激措施。2010 年 10 月，人民银行周小川行长在北京大学光华管理学院的演讲指出，"根据我的观察，在 2009 年第二季度，基本上已经看到中国经济强劲复苏，但这种复苏带来了一些问题。因此，在 2010 年初期，我们很快发现了超调问题，并开始反方向调整，先后三次上调准备金率，以收缩经济中的流动性"，并且强调"如果刺激措施的剂量过大，就可能产生超调问题，如果力度不足，就可能导致经济复苏缓慢"。

探索逆周期的宏观审慎政策框架

国际社会普遍认为宏观不审慎是 2008 年国际金融危机发生的重要原因。这次危机的破坏性如此之大，其中一个原因是危机传染的渠道发生了很大变化，例如金融衍生品市场缺乏清算机制，风险的跨市场传染发散非常快。另外，这次危机暴露出金融体系存在非常明显的顺周期性。当经济好的时候，各方面信心都很足，金融机构和客户的评级都比较高，资产价格特别是房价不断上涨，此时大多数金融机构是健康的，交易对手一般不会出问题。泡沫一旦破裂，就会出现连锁反应，市场的非理性行为和"羊群效应"会加剧波动。为此，需要引进一些逆周期的因素，增强系统稳定性，如逆周期资本缓冲、系统重要性附加资本以及更高的流动性要求，同时也要加强金融基础设施管理，建立中央对手方等。这些措施在概念上被命名为宏观审慎政策框架。宏观审慎政策框架的提法在国际上被写入了 G20 文件，在国内被写进了党的十八大、十八届三中全会的文件，也连续几年被写进了政府工作报告。

人民银行较早在逆周期宏观审慎管理方面进行了创新性探索。2009年下半年中国经济出现复苏迹象，在扩大内需等一揽子经济刺激政策的带动下，人民币贷款快速增长。人民银行对此高度关注和警惕，提出应按照宏观审慎政策框架的原理设计新的逆周期措施。2010 年，人民银行通过引入差别准备金动态调整措施，将信贷投放与宏观审慎要求的资本充足水平相联系，探索开展宏观审慎管理。当时大家的认识还不一致，有些事还有争论，2010 年底的中央经济工作会议明确提出要使用宏观审慎工具。此后，人民银行不断完善宏观审慎政策，将差别准备金动态调整机制"升级"为宏观审慎评估（MPA），逐步将更多金融活动和资产扩张行为纳入宏观审慎管理，并将全口径跨境融资纳入宏观审慎管理。从实践来看，宏观审慎政策框架在促进金融机构稳健审慎经营、维护系统性金融稳定等方面发挥了重要作用，向全球输出了中国经验。党的十九大报告明确提出要健全货币政策和宏观审慎政策双支柱调控框架。

（四）构建层次丰富的现代化金融体系

2003 年党的十六届三中全会《关于完善社会主义市场经济体制若干问题的决定》，明确提出要"建立多层次资本市场体系，完善资本市场结构，丰富资本市场产品"。最初建设多层次资本市场的想法相对比较简单，定义的层次少一些，当时主要考虑建设主板市场和创业板市场，后来逐步认识到，需要建立一个更丰富的多层次资本市场乃至多元化的金融体系。金融体系的多元化涉及很多方面，如金融机构多元化、金融产品创新、多层次金融市场等。新世纪以来，按照多元化的方向，全面推动由债券市场、货币市场、外汇市场、黄金市场、股票市场等构成的、分层有序、互为补充的金融市场体系规范创新发展。同时，积极探索发展开发性金融，推动设立民营银行，积极稳妥地发展互联网金融，这些都反映了当前我国金融改革发展所处阶段的多元化特点。随着金融市场体系的复杂化、多元化，金融监管也逐步迈向专业化。

债券市场实现跨越式发展

上个世纪，债券市场在支持国民经济运行发展中的作用相当有限。而且，由于市场化改革不到位、市场定位不准确、市场约束不健全、市场制度不完善，出现了1992年"327国债期货风波"、银行资金违规进入股市、企业债大量违约等风险事件，使整个金融体系隐含了相当大的风险。这些挫折有其时代背景，也与经济处在转轨早期，计划经济色彩比较浓厚，市场经济的思维、环境尚未建立有关。

新世纪之初的金融改革任务非常重，党中央、国务院决定将债券市场改革任务交由人民银行牵头负责。人民银行周小川行长在2005年中国债券市场发展高峰会上明确提出，发展债券市场要以市场经济为思维主线，以合格机构投资者和场外市场为逻辑主线，以完善法规、会计、信息披露和破产制度为环境主线，使有较强分析能力和风险承担能力的机构能够在市场中唱主角。在认真总结经验教训的基础上，银行间债券市场明确了场外市场和定位于机构投资者的发展方向；不断加大市场化改革力度，减少不必要的行政审批，将发行审批制逐步改革为核准制、备案制和注册制；借鉴国际经验，探索行业自律组织和基础设施建设，促进发挥信息披露、信用评级等市场激励与约束机制的作用。

目前，我国债券市场初步形成了以场外市场为主体、场内市场为补充，互联互通的市场体系，2016 年末，债券市场托管余额为 63.7 万亿元，规模位居世界前列。债券市场的发展，大大拓宽了企业和实体经济直接融资渠道，优化了社会融资结构，直接融资比重从 2003 年的 3.9% 提升到 2016 年的 27.2%，有效分散了原来高度集中于银行体系的金融风险，增强了整个金融体系的稳定性。

开发性金融散发新活力

金融多元化的另一个重要实践就是开发性金融运用。关于是否有必要发展开发性金融，有过一些争论。最初全球思潮不太倾向于开发性金融。不过，2008 年国际金融危机后，全球范围内长期公共融资难觅投资者，加之商业性金融体系"惜贷"，国际社会开始重新认识到开发性金融的重要性。新世纪以来，中国初步探索出了一条富有中国特色的开发性金融道路，即服务国家战略、依托信用支持、不靠政府补贴、市场运作、自主经营、注重长期投资、保本微利、财务上有可持续性的金融模式。一方面，这种模式能够自我权衡经济与政策目标，投向周期长、资金需求大、商业机构难以提供的项目，更有利于满足符合国家长期战略和利益以及大额项目建设资金的需求。另一方面，其在服务国家战略的同时，能坚持市场化运作，能够确保机构的长期可持续发展。近年来，以国开行为代表的开发性金融，在没有财政补贴的情况下，实现了一定回报和财务的可持续性，为"一带一路"建设等国家长期战略和利益作出了贡献，形成了开发性金融的有益实践。

金融监管专业水平和协调性不断提升

金融体系从"不健康"到"健康"的过程中，最开始往往倾向于将监管独立出来，寄希望于专门的监管机构能更好地履行监管职责，同时推动本行业更好发展。当时普遍的观点是，学西方发达国家的早期经验，实行分业经营，分业监管。

证券业监管职责是最早从人民银行分离出去的。1992 年 10 月，国务院决定成立国务院证券委员会和中国证券监督管理委员会，后来证券委员会的发行审核功能合并纳入了证监会。一般而言，资本市场与传统的银行业务相差甚远，而且涉及上市公司监管等专业工作，多数国家的证券业监管大多是独立的，不属于中央银行职责范围，这是比较容易理解的。随后，1998年设立了保监会，加强了对保险业的统一监管。2003年，分设银监会，进一步完善了金融监管体系，明确了银监会、证监会、保监会三家专业性监管机构的目标责任，理清了金融监管和宏观调控之间的责任关系。总体看，分业经营和分业监管模式在提高监管专业性、培养监管人才、防范和化解金融风险、促进金融业改革发展等方面发挥了积极作用。

近年来，随着金融业的改革发展，金融创新活动增多，理财或资产管理类交叉性金融产品加速发展，金融综合经营发展步伐加快。"铁路警察，各管一段"的传统分业监管模式较难适应金融发展新趋势，监管缝隙较大，加大了防范和化解跨市场、跨行业的金融风险的难度。按照国务院的要求，2013年8月人民银行牵头成立了金融监管协调部际联席会议制度。2017年7月召开的第五次全国金融工作会议决定成立国务院金融稳定发展委员会，强化监管协调和监管问责，指定人民银行承担委员会办公室工作，牵头防范化解系统性金融风险。

（五）推动人民币国际化和资本项目可兑换实现新突破

在持续多年的市场化改革基础上，金融改革发展开始加大国际化的步伐，以前是不具备这个条件的。最近几年，尤其是2008年国际金融危机以后，我国抓住有利时机，顺应市场需求，稳步有序推进人民币国际化和资本项目可兑换。

人民币国际化迈上新台阶

人民币国际化起步比设想得要早，主要是因为2008年国际金融危机期间西方国家金融市场一度非常疲弱，加之由于金融危机导致的货币不稳定，市场上缺乏美元，且对美元信心不足，欧元、日元也比较不稳定，国际社会要求改革现有国际货币体系的呼声越来越大，对人民币的欢迎程度超过预期。最早是韩国出于稳定需要，主动要求和我国开展人民币互换。随后陆续有 20 多个发展中国家提出货币互换，一些发达国家也加入进来。

在国际社会需要，同时于我有利的情况下，人民银行按照党中央、国务院部署，顺势而为，沿着"逐步使人民币成为可兑换的货币"的长期目标，进一步减少不必要的行政管制和政策限制。2009 年 7 月，在上海和广东四市率先启动跨境贸易人民币结算试点，随后逐步扩大至全国。陆续推出人民币合格境外机构投资者（RQFII）、人民币合格境内机构投资者（RQDII）、沪港通、深港通、基金互认、债券通等创新制度安排，完善人民币国际化基础设施体系。经过不懈的努力，人民币国际化取得一系列积极成效。据环球银行金融电信协会（SWIFT）统计，2017 年 8 月，人民币为第五大国际支付货币，市场份额为 1.94%。

随着中国经济和人民币国际地位的不断提升，国际上建议将人民币纳入 SDR 的声音日益增强。人民银行周小川行长在 2009 年发表文章《关于改革国际货币体系的思考》，激发了国际社会对改革国际货币体系的热烈讨论，以及对增强 SDR 作用的关注。2015 年适逢 IMF 五年一次的 SDR 审查，人民币加入 SDR 面临难得的历史性机遇。党中央、国务院高瞻远瞩、审时度势，及时作出了推动人民币加入 SDR 的重要战略部署。2015 年 11 月 30 日，IMF 执董会认定人民币为可自由使用货币，决定将人民币纳入 SDR 货币篮子，并于 2016 年 10 月 1 日正式生效。这是人民币国际化的重要里程碑，代表了国际社会对中国改革开放成就的高度认可，对中国和世界是双赢的结果。

资本项目可兑换改革持续推进

1996 年实现经常项目可兑换以后，正当我国研究如何进一步推进资本项目可兑换时，亚洲金融风波爆发了，一些受到较大冲击的国家和地区开始采取资本项目管制抵御风波。我国自身遭受金融风波的冲击也比较严重，国内金融稳定形势比较严峻，资本项目可兑换进程不得不暂停。从 2002 年下半年开始，我国经济和外贸形势明显改善，国际收支交易规模急剧增加，有经常项目和资本项目双重属性的跨境交易日益增多。在这种背景下，资本项目可兑换进程再次被提上日程。2003年 10 月，党的十六届三中全会正式重新提出"在有效防范风险前提下，有选择、分步骤地放宽对跨境资本交易活动的限制，逐步实现资本项目可兑换"。但当时我国的银行体系不良资产率非常高，亏损严重。如果微观基础不牢固，推进资本项目可兑换的风险就会非常大，因此没有给出具体的改革时间表。由于涉及资本项目可兑换的各方面条件不太成熟以及 2008 年国际金融危机爆发的影响，我国的资本项目可兑换改革进程一直比较缓慢。国际金融危机后，随着我国经济逐步稳定复苏，党中央、国务院关于资本账户可兑换的提法开始出现积极变化，多次强调要"逐步实现人民币资本项目可兑换"。2013 年 11 月，党的十八届三中全会进一步提出，要"建立健全宏观审慎管理框架下的外债和跨境资本流动管理体系，加快实现人民币资本项目可兑换"。

从实际效果看，这些年人民币资本项目兑换的方便性取得了很大的进展，并已经体现在我国对外贸易、投资和其他国际经济往来的各个方面。从 IMF 资本项目交易分类标准下的 40 个子项来看，目前可兑换和部分可兑换的项目 37 项，占 92.5%，仅剩 3 项尚未放开。应该说，人民币资本项目可兑换仍是我国经济金融改革开放的一个重要方向，是下一步要重点研究和积极推进的工作。经过这么多年努力，资本项目可兑换已经迈出了相当大的步子，具备了进一步推进的条件。

三、中国金融业改革发展的内在逻辑及经验总结

作为整个经济体制改革的重要组成部分，中国的金融改革发展始终伴随着社会主义市场经济体制改革尤其是实体经济改革开放而持续

推进，与整体经济体制改革进程相衔接、与之配套并为之服务，呈现出一个内部连贯、逻辑一致的过程。新世纪以来的中国金融改革发展的巨大成就来之不易，其间虽有过反复、搁置，但总体进程是不断向前发展的，有很多值得总结的经验。

（一）坚持市场化取向，稳步推进金融改革发展

自 1992 年党的十四大正式提出"建立社会主义市场经济体制"目标以来，中国金融始终坚持市场化取向，按照界定产权、政企分开、依法治国、激励相容、社会监督五个市场经济特征，稳步推进各项改革。

市场经济要求等价交换，前提是界定产权。过去只有人民银行一家银行，现在成立了几百家银行和几千家相对独立的农村信用社，而且很多银行都完成股改上市，产权不断清晰，经营效率大幅提升。在市场经济中，经济决策是分散的，主要由企业和家庭选择和决策，因此必须将政府和企业分开，过去银行是政府和财政的出纳，一切听从于政府，现在自主经营，是发挥资源配置作用的市场主体。产权清晰了，决策分散了，如果没有规矩，就乱了，还得要依法治国。在金融领域，陆续颁布了《中国人民银行法》《银行业监督管理法》《商业银行法》《证券法》《保险法》等法律法规，为宏观调控、监管和金融机构经营提供了重要依据。

在法治框架下，市场经济主体的努力和创造力与其物质利益挂钩，能最大限度调动市场主体的积极性，这也是市场经济效率的源泉。过去银行领导干好干坏只体现在政治升迁上，现在银行业已经有了相当的经济激励。但仅有激励是不够的，缺乏现代公司治理和内在约束机制的情况下，单纯的经济激励改革最终不会成功。为此，我国进一步完善了会计准则和披露制度，现在银行每年要披露年报，尤其是上市银行必须接受来自内部和外部的更加严格的监督。

同时，很多市场化改革在推进过程中，难免会面临一些争议。例如，在进行利率市场化改革时，初期可能出现利率中枢上移，对中小微

企业的融资有一定影响。再例如，在进行汇率市场化改革时，汇率弹性增强可能放大外贸出口类企业的风险敞口，对一些缺乏经验的企业可能会造成一定冲击。尽管改革或多或少都存在一些成本代价，但与整体经济通过市场机制获得效率改进相比，推进改革是利大于弊的。在推进改革时需要综合权衡利弊，总体大的方向是要坚持有利于优化资源配置和效率改进，不能因"小弊"而失"大利"。

（二）坚持问题导向，一切从实际需要出发

从实践来看，我国的金融改革一直立足国情实际，坚持问题导向，缺什么、补什么、建什么。从计划经济向市场经济转轨，首先是缺资本，资本不足将严重影响金融机构的健康性，因此需要针对金融机构资本不足、治理不完善问题，对国有专业银行进行商业化和股份制改造，推进农村信用社改革。其次是缺竞争，对于市场经济而言，其本质是在建立激励约束机制的基础上，通过竞争发现价格，进而通过价格引导资源优化配置，促进经济走向均衡，进而提升经济整体效率，这就需要推进利率、汇率市场化改革，发展多元化、多层次金融机构体系，通过竞争提升效率。再次是缺开放，市场经济本质是打破封闭，走向开放型经济，通过扩大开放可以促进竞争，也会倒逼国内改革，因此需要推动贸易与投资自由化和便利化、汇率市场化、放宽外汇管制三大政策改革，降低市场准入门槛，逐渐使竞争和市场成为普遍使用的机制。最后是缺金融市场，现代化的金融体系必然要求高效、富有深度和广度的金融市场，否则金融的价格发现功能就缺乏基础，因此我国加大建设力度，发展了债券市场、衍生品市场、交易所市场、黄金市场、外汇市场、货币市场等。

另外，有些改革过去曾经打算做，却由于遇到危机等各种各样的原因，被耽搁了下来，需要及时补齐改革短板。比如存款保险制度。2015年5月1日，出台了《存款保险条例》。存款保险制度是市场经济条件下银行体系健康发展的一个重要要素，按道理存款保险制度早就应该建立，但因为各种原因没有做。既然允许大家办银行，现在又提出允许民营资本发起设立中小型银行，改善对社区、农村等薄弱环节的金融服务，就需要建立存款保险制度，按照市场化原则处置银行倒闭问题。

（三）坚持以稳促进，通过有力有效调控营造良好金融环境

每一项金融改革的成功推进都离不开良好的经济金融环境。没有良好的环境，金融改革就会遇到较大阻力；当环境比较好时，改革就会事半功倍。为经济稳定发展、金融改革营造稳定良好的经济金融环境，宏观调控尤其是货币政策调控必须有力，必须根据经济形势变化灵活适度调整，加强逆周期调控。在经济过热或资产价格出现泡沫时，必须采用适当工具"慢撒气""软着陆"，实现平稳调整；在经济衰退或遭遇外部冲击时，必须及时出手，稳定形势，增强信心。例如，在1997年亚洲金融风波期间，很多国家货币竞相贬值，有些货币贬值在30%、40%甚至50%以上，但党中央、国务院审时度势，认为人民币贬值虽然有利出口，但会加剧东南亚以及全球金融动荡局面，也不利于国内经济金融稳定，所以坚持人民币不贬值，为国内金融改革稳定发展奠定了坚实基础。2008年国际金融危机期间，我国"出手快、出拳重、措施准"，成功应对了金融危机冲击，当经济在全球率先复苏并初显过热苗头时，又及时启动货币政策正常化，防止政策过冲，同时探索建立完善宏观审慎政策框架。这些措施为经济社会稳定发展营造了良好的货币金融环境，也守住了不发生系统性金融风险的底线。可以说，正是我国成功应对了1997年亚洲金融风波，才能启动国有大型商业银行股改，也正是基本完成了国有大型商业银行股改和农村金融改革，才又成功抵御了2008年国际金融危机冲击，才有可能进一步推进利率汇率市场化等改革，推动现代金融体系健康发展。

（四）坚持立足国情实际，走渐进式改革道路

转轨经济的"休克疗法"和渐进式改革的目标一样，都希望市场起主导作用，把企业搞活，但不同模式效果截然不同。"休克疗法"倾向于全面否定过去的体制，在此过程中，新的机制尚未建立，涉及金融业的法律法规都直接从西方国家照搬引入。在国内缺乏相应的经济背景、实践经验以及人才储备的背景下，这么做可能导致业界和公众一般都很难理解，往往是部分先理解的人占到很大便宜，从中牟利，最终可能导致贫富差距过大，偏离改革初衷。另外，"休克疗法"不太倾向救助濒临倒闭的金融机构，苏联的金融机构在"休克疗法"后基本全垮了，之后国内先后成立了 1 000 多家私有制的商业银行，几乎没有一家是国有的，都是小银行，这种市场结构不利于抵御金融危机冲击。同时，像中国这么大的国家全世界也没有几个，在如何处理中央与地方关系等问题方面，可借鉴的国际经验比较少，诸多改革很难参照标准模式一步到位，只能坚持走渐进式改革道路。

相比而言，我国的渐进式改革更符合人的一般认识规律。从过去的计划经济转向市场经济体制并谋划下一步发展时，总有个逐步转变、逐步适应的过程，很多传统思想理念很难在短期消除。有的时候，往前走两步甚至会往后退一步，但总体仍是向前的。从金融和实体经济关系的角度看，通常实体经济的改革开放步子走得快一些，或者说实体经济改革开放发展到一定程度，金融业就要加快推进自身的改革开放，跟上实体经济改革开放的步伐，更好地提供金融服务。反之，如果在实体经济的企业改革还没有充分展开，企业还没有获得充分自主权、公司治理还没有充分建立的情况下，金融企业要实现自主经营、建立现代企业制度、形成规范的公司治理等，也是不现实的，有的时候甚至会因为实体经济遭受重创，一些金融改革不得不暂停。另外，从我国实践来看，"摸着石头过河"还体现在对自下而上式改革的重视，因为很多改革造

成的影响可能很大，"试错"成本很高，采取小范围试点，可以减少这种成本，一旦发现有问题，也可以很好地控制风险、吸取经验教训。

坚持渐进式改革，还体现在协调配合，把握改革发展的节奏和机会窗口方面。从过去经验看，一般会先提出一个单子，列出需要推进的重大的改革开放任务，同时研究其横向配合关系和优先顺序。例如，有些工作需要财税部门配合，有些则需要商务部门配合，还有些需要外交部门或者国际组织配合等。实际上，经济转轨过程中推进金融改革，各项政策的选择、设计和配套的形成过程也是各方面达成共识的过程。

新世纪以来，尤其是党的十八大以来，在党中央、国务院的正确领导下，我国金融改革发展蹄疾步稳，重要领域和关键环节改革取得突破性进展。金融体系市场化、双向开放水平明显提高，现代化金融体系更加完善，对经济社会平稳健康发展形成了有力支撑。展望未来，中国特色社会主义进入新时代，我国社会主要矛盾已经转化为人民日益增长的美好生活需要和不平衡不充分的发展之间的矛盾，金融体系改革发展开放面临诸多新的挑战和任务。我们坚信在党中央、国务院的坚强领导下，中国金融事业的巨轮将继续扬帆远航，行稳致远，再创金融改革发展新辉煌！

《新世纪中国金融改革与发展丛书》编委会
2017 年 11 月

区域金融改革的探索与实践[①]

——在区域金融改革经验交流会上的讲话

陈雨露

近期，根据习近平总书记和李克强总理关于改革试点工作的重要指示精神，中央改革办下发了加强和规范改革试点工作的意见。我们召开区域金融改革经验交流会，目的就是要贯彻落实中央的要求，总结经验，改进工作，进一步准确把握区域金融改革试点方向，加强试点工作统筹，更好地发挥试点工作的重要探索作用。这既是对我们前期工作的一次中期总结，也是未来相关工作的一个新起点。

长期以来，我国的金融体制改革十分注重调动和发挥各方面积极性，形成了"自上而下"的顶层设计与"自下而上"的基层探索相结合的改革路径。实践表明，这种金融改革模式符合我国经济体制改革整体推进、重点突破、条块结合的基本经验，有利于处理好金融改革与其他重点领域改革的关系，形成制度良性演进的改革路径。

[①] 本文为陈雨露副行长 2016 年 7 月 20 日在区域金融改革经验交流会上的讲话。本书编委会谨以此文作为本书导读。

2012 年以来，按照中央的统一部署，人民银行选择我国若干具备条件的地区，有针对性地推动开展了一系列形式多样的区域金融改革试点。这些"自下而上"的区域金融改革试点在空间布局上覆盖了东、中、西部地区，内容涉及金融业对外开放、人民币资本项目可兑换、粤港澳金融合作、农村金融改革、规范发展民间融资、小微企业金融服务、财富管理和跨境金融合作等，体现了区域金融改革特色定位、各有侧重的特点，也体现了改革所具有的层次性、阶段性和持续性特点。

我们高兴地看到，在各方面的共同努力下，区域金融改革试点地区坚持服务实体经济的根本要求，积极稳妥推进改革创新，积累了大量可复制、可推广的经验和做法，为全局性金融改革提供了有益的借鉴。例如，上海自贸区依托自由贸易账户，率先开展本外币一体化的全口径跨境融资宏观审慎管理试点，通过天津、福建和广东三地自贸区扩大试点和经验总结后，已经推广至全国。山东青岛立足区域优势，从机构、市场和人才三方面推进财富管理供给侧改革，积极探索财富管理对外开放、跨境投融资等创新机制，示范效应初步显现。浙江台州和福建泉州通过完善社会信用体系建设和信用保险机制不断提升小微企业金融服务水平。武汉城市圈通过构建服务科技企业全生命周期的投融资体系，创新了科技金融发展模式。广西田东以合理配置金融资源为抓手推进金融精准扶贫，得到了习近平总书记的充分肯定。在农村金融改革方面，浙江丽水以全面动态信用信息支撑整村授信为核心、四川成都以城乡金融服务一体化和均等化为重点、吉林省以财政补贴抵押带动信贷投向新型经营主体为先导重点探索农村金融综合改革，都取得了明显的成效。

这些成绩的取得，是党中央、国务院正确领导的结果，是国务院有关部门和地方各级党委政府给予多方面指导的结果，也是在座各位地方金融管理部门和人民银行分支机构同志们积极进取、努力奋斗的结果。

从各地的实践看，试点工作取得积极成效的原因主要有五个方面。一是注重保持改革试点方向和与中央重大发展战略相一致。只有把区域金融改革试点放在中央的整体战略布局中来谋划部署，才能找准自身的定位和工作方向，才能真正做到有所作为。例如，四个自贸区的金融开放创新有力地推动了我国在新时期加快政府职能转变、探索管理模式创新的战略决策；台州小微金融改革和吉林农村金融改革的经验探索为中央改善民生的重大工作部署提供了有益借鉴。二是注重发挥和引导地方政府的积极性。区域金融改革试点的一个核心内容是要建立正向的激励相容机制，充分发挥地方政府的积极性和主观能动性。试点取得明显成效的地区大都成立了由地方主要负责同志担任组长的试点工作领导小组，制定了改革试点实施细则和实施步骤，并出台了有力度的配套支持政策。三是注重加强各方面的沟通协作。试点进展较快地区的地方金融办和人民银行分支机构大都建立了良好的沟通协调机制，有些还建立了定期会商机制，实现了上情下达、下情上报，确保各项改革举措顺利衔接。四是注重加强体制机制创新。试点取得积极进展的地方把工作着力点聚焦在体制机制创新和积累可复制可推广经验上，而不是简单地争取优惠政策、谋求政策洼地。例如，云南广西沿边地区以跨境金融业务创新为主线，探索完善人民币对区域性非主要储备货币的兑换机制，推动资本市场对外开放和扩大人民币跨境使用。五是注重把防范化解风险放在更加重要的位置。各试点地区牢牢坚持风险底线原则，加强对风险隐患的及时排查和动态监测，统筹监管资源配置，提高监管有效性，着力维护地方金融秩序。

同时，我们也注意到，不同地区的改革进展和成效存在差异，一些改革试点离中央提出的先行先试并提供经验借鉴的要求还有不小的差距。这里面有多方面的原因，有一些是由于国内外宏观经济金融形势的变化影响了改革进程；有一些是部分试点地区工作机制不健全，缺乏有效的工作领导机制和沟通协作机制，未能形成有效的改革合力；有些地方未能及时出台改革试点实施细则，导致政策不能及时落地，等等。对于上述问题，我们必须要高度重视，认真研究，提出有针对性的解决办法。

下一步，人民银行将根据中央的要求，进一步加强和规范区域金融改革试点工作，更加注重推动改革举措落地生根，及时梳理总结各地改革试点经验，合理把控新增试点的布局和节奏，着力巩固和扩大已经取得的改革成效，推动区域金融改革试点工作再上新台阶。

一是希望人民银行研究局进一步发挥指导协调作用，建立健全改革试点阶段性评估机制和奖惩机制。要及时加强对各地区改革进展情况的跟踪和评估，做到心中有数。对于试点取得积极成效和成功经验的地区，要通过各种渠道向上级领导机关报送经验材料等方式予以激励；对于试点改革进展地区弱于预期的地方，要及时帮助查找原因，加大工作指导力度；对于因主观因素造成改革推进缓慢的地方，要研究通过适当方式予以提醒和警示，并提出具体的整改要求。希望人民银行总行和外汇局有关司局继续加强对试点工作的业务指导，明确业务政策导向，确保改革试点工作始终沿着正确的轨道向前推进。

二是希望各试点地区各级地方政府继续发挥基层探索的源动力和首创精神，敬终如始做好改革试点工作。要立足当地实际，遵循"减少管制、支持创新、鼓励民营、服务基层、支持实体经济、配套协调、安全稳定"的原则，发挥市场在资源配置中的决定性作用，同时加大对试点工作的支持力度，加强金融人才队伍的培养。要加强金融监管，提高监管强度和有效性，消除监管空白与监管套利，牢牢守住不发生系统性金融风险的底线。

三是希望各试点地区人民银行分支机构继续发挥协调沟通作用，推动形成有效的工作合力。要主动加强与总行和外汇局有关司局的联系，及时汇报有关情况。发挥自身的优势，协助地方有关部门有序推进各项试点工作。对改革试点中出现的新情况新问题，要深入调查研究，向有关方面提出意见建议。试点取得积极进展的分支机构，要不忘初心、继续前进，在不断的改革和创新中把工作做得更好。对于仍有较大挖潜空间地区的分支机构，要充分利用试点带来的机遇，只争朝夕，奋起直追，力争尽快取得新进展。

目　　录

专栏

引　言

　　长期以来，中国的金融改革十分注重调动和发挥各方面积极性，形成了"自上而下"的顶层设计与"自下而上"的基层探索相结合推进金融体制改革的路径模式，总体上分为两大策略：

　　一是涉及全局性的金融改革，通过统揽全局的顶层制度设计，"自上而下"统一部署和行动，在全国范围内贯彻实施。这些涉及全局的金融重点领域和关键环节改革，需要从国家整体战略出发，动用国家整体资源，统筹考虑各方面关系，实现全国一盘棋式的改革。例如利率、汇率等事关总量和调控机制的改革，就是充分把握资金易流动、资金价格具有宏观效应的特点而统一推出的。还有一些全国性金融机构改革，如国有银行改革先从中国银行、建设银行取得股份制试点经验，然后扩大到工商银行、农业银行，进而将相关经验推广至各类中小型商业银行、政策性金融机构和保险公司。

　　二是涉及各区域经济结构性特点的金融改革，更多地尊重基层的首创精神，采取"自下而上"的市场选择，探索可复制、可推广的经验。这类具有专项性质、以试验区或试点形式推进的区域金融改革，注重发挥地方的积极性和能动性，采取"先试点、再总结、后推广"的模式，尊重"自下而上"的市场选择。从已有的区域金融改革试点看，普遍具有立足本地实际、深化体制机制创新、积极构建与经济社会发展相匹配的多元化金融体系、着力提升金融服务实体经济能力等特点，对全国层面的金融改革具有重要的探索意义。

这两个维度的改革模式并不是孤立存在的，而是相互交织、相辅相成、相得益彰的。实践表明，这种金融改革模式符合我国经济体制改革整体推进、重点突破、条块结合的基本历史经验，有利于处理好金融改革与其他重点领域改革的关系，有利于处理好政府与市场的关系，从而形成制度良性演进的改革路径。

党的十八届三中全会确立了全面深化改革的总目标和战略部署，金融改革面临新机遇、新挑战和新任务。改革进入了攻坚期和深水区，难度和风险不断增大，改革路径上既要加强顶层设计和系统推进，也需要通过局部试点积累经验，避免走大的弯路。未来一个时期中国金融改革一个很重要的维度仍是深化区域金融改革。

为配合"自上而下"的全局性金融改革，加快探索全面深化改革的新模式和新途径，人民银行根据金融运行客观规律和区域经济特征，有针对性地选择一些基础条件较好的地区开展专项性质的区域金融改革。这类改革采取"先试点、再总结、后推广"的模式，尊重"自下而上"的市场选择，既充分发挥地方的积极性和主动性，促进区域经济发展，也为全国层面的整体改革积累经验。

区域金融改革是深化金融体制改革的重要方面，是推动金融制度创新和实践方式创新的重要抓手。按照党中央、国务院的统一部署，人民银行联合相关部门选择中国若干具备条件的地区有针对性地开展了区域金融改革试点，探索形式丰富多样，改革成效逐步显现。这些"自下而上"区域金融改革的布局范围涵盖东部的沿海发达地区、中部工业化转型地区、西部欠发达地区、民族和边疆地区，内容涉及金融对外开放、人民币资本项目可兑换、粤港澳金融合作、农村金融改革、规范发展民间金融和跨境金融合作等。

　　在中国经济发展进入新常态的背景下，区域金融改革紧紧围绕供给侧结构性改革战略，按照优化结构、降成本、补短板的要求，积极培育竞争新优势，优化金融要素资源配置。本书从区域金融改革的理论到实践，主要介绍了近年来中国区域金融改革试点的有益探索和良好实践。

第一章
区域金融改革：理论和逻辑

　　区域金融改革是在新发展理念等新理念、新思想、新战略指导下，国家层面布局的以服务实体经济为出发点、以深化金融体制机制创新为动力、以推动区域特色改革任务为主线，立足本地实际，以金融政策为目的涵盖产业政策、财政政策、税收政策及土地政策等一揽子综合配套政策为支撑的专项性改革试点。通过先行先试，在某一或某些领域积极探索可复制、可推广经验，为全局性金融改革提供经验借鉴。区域金融改革是为了配合国家层面的全局性金融改革，在某些特征鲜明、优势突出、条件具备的地区开展的对全国金融体制改革具有重大实践探索意义的金融专项改革。区域金融改革除了具有"探索金融服务实体经济的新途径""建立健全金融体制机制""构建多元化金融体系"和"提升金融软实力"等内涵外，还涉及社会经济生活的方方面面改革，是一项以局部地区全面经济金融制度安排创新的方式推进的系统性改革。

第一节　开展区域金融改革的必要性

新世纪以来，全球经济发展纷繁复杂，既有新经济的兴起，也有全球金融危机的冲击；既有一体化的推进，也有局部贸易摩擦的加重。特别是美国的次贷危机及随后的国际金融危机对全球经济金融产生的震荡影响深远。2012 年以来，全球经济复苏趋缓，发达国家失业率居高不下，新兴市场国家和发展中国家经济增速回落，欧洲主权债务危机深化蔓延。在国际形势不确定性和风险加大的背景下，中国经济运行稳中有进，与金融业坚持服务实体经济的根本定位不无关系，更与中国坚持多年的金融改革密不可分。

随着中国对外开放和市场经济的发展，实体经济发展与金融体制的适应性矛盾有所显现。一方面，资金流向实体经济的渠道不够通畅，实体经济中存在着部分领域融资难、融资贵的问题，资金的配置结构有待优化。另一方面，投资的边际效率出现下降，资金"脱实向虚"问题值得警惕。不管是资金配置不合理，还是"脱实向虚""以钱炒钱"，都显示出金融服务实体经济的效率和水平有待提高。深入改革现有的经济金融体制，使其适应经济发展新常态带来的趋势性变化，要通过科技金融、绿色金融、农村金融、小微金融、民间金融、普惠金融、财富管理、贸易金融等方面创新试点，更好地探索服务"三农"和实体经济的有效途径，解决经济发展中的深层次矛盾具有紧迫性。

回顾中国改革开放至今，成绩骄人，但在进一步迈向全球化经济的征途中，经济、金融发展中遇到各种矛盾与问题，其多样性和复杂性也从未见过。经济全球化趋势与中国金融开放战略的要求相统一。因此，选择一批区位上有比较优势的地区，探索自贸区金融开放创新、沿边跨境金融合作、粤港澳金融一体化等区域金融合作试点也具有一定的战略性。

　　区域金融改革正是在这种特定的历史背景下应运而生的。它的试点和发展将结合具体区域的突出特点，由地方政府承担主体责任，率先探索试验一些具有国家层面意义的重大改革开放措施，进而从成败得失中积累经验。区域金融改革作为推动中国金融改革开放的重要途径，将成为中国下一阶段深化金融改革的前沿，担负着探索全面建成小康社会、创新区域发展模式、提升区域竞争力乃至国家软实力的宏伟使命。

一、区域金融改革符合中国国情的现实需求

　　中国幅员辽阔，地区差异性大，区域间发展不平衡，各个区域之间劳动力、资本存量、自然资源和技术水平等要素禀赋的差异较大。区域要素禀赋决定了当地的产业结构和金融结构，不同发展程度的区域金融资源的应用程度也会不同，这意味着中国在区域金融结构、资金区域流动等方面也必然存在着较大差异。与此同时，不同发展程度的区域却往往都存在着在金融方面进行改革的现实需求。经济发达地区在原有发展规模的基础上，需要进一步深化改革，释放活力，提升效率，积极探索金融发展支持经济增长的新动力；而经济欠发达地区则需要进一步强化和优化金融的基础性功能，发挥金融为经济增长"输血""造血"的功能。

　　在区域金融改革过程中，各个区域经济金融规模和经济金融结构之间的差异性不容忽视，这些区域差异可能使得任何统一性的顶层设计都存在缺陷，由此决定了在全局性的顶层设计之外，还需要通过各地区积极开展基层创新来形成合力。在基层创新中，各个区域需要走金融创新的特色路径，区域金融改革应当差别定位、各有侧重，注重从本地实际出发，突出区域特征。

区域间经济金融的结构性差异还可能会涉及推进改革决心的问题。在推动改革的过程中，一方面，缺少历史先例和他国借鉴，国际上很难提供成熟的区域金融改革经验以供我国参考。另一方面，中国内部发展很不平衡，城市和农村、东部和西部，以及工业、农业和服务业发展等都非常不平衡。此外，有些改革可能无先例可循且在全国范围实施造成的影响难以把握。这些都可能导致决策层不容易下决心。因此，从小范围进行区域金融改革试验，通过试点积累经验，发现和修正问题是推进金融改革的有益探索。

区域差异作为中国现实国情的一部分，客观需要在区域金融改革创新中加以反映。区域金融改革试点立足本地实际，深化体制机制创新，积极构建与经济社会发展相匹配的多元化金融体系，对全国的金融改革和经济发展具有重要的推动作用。针对不同地区的不同特征开展的区域金融改革试点符合中国国情的现实需求。

二、区域金融改革风险总体可控

防范和化解风险是贯彻金融改革创新始终坚持的重要命题，是深入开展金融改革创新的重要保障。区域金融改革的一大优势就在于采取区域试点、地方推动形式，风险总体可控。从小范围开始的区域金融改革试验，允许"试错"，发现问题可以及时修正并吸取经验教训。

从本质上看，改革试点就是不断试错、自我学习、取得经验并不断修正的过程。一开始即便是自认为设计周密的改革，在具体实施时也会发现，设计方案总会有一些缺陷。在试点过程中，就得到了学习和认知的积累。这样，以后就能知道如何更好地去设计、推动下一步以及其他领域的改革。区域金融改革采用"区域试验、全国统筹"的改革模式，通过区域探索、重点突破实现纵深和广度的推进，一旦出现问题，可依据改革进展情况及时纠偏，必要时可通过退出或关闭来把控风险和节奏，确保可进可退、风险可控。

从这个角度出发，区域金融改革"一定要有自我革新的勇气和胸怀"。改革试点不是单纯的政策优惠，也不是最终多数都能得以推广实施。成功的改革例子容易被熟记，也有不少改革试点在实践中发现有问题，或者得到了纠正，或者就被放弃了，而这些改革试点容易被人们忽略和遗忘。典型的例子如农村信用社改革，在江苏最早试点时，最初设计的财务方案不太成功，无法取得成效，最后在总结经验基础上花费大量时间修正方案再重新开始试点。可以说，改革试点总有不断试错、自我学习、取得经验并不断修正的过程。

当然，在区域金融改革中也必须牢牢守住不发生区域性、系统性金融风险的底线。当前，影响中国金融稳定的因素明显增多，经济下行压力犹在，金融机构信用风险持续上升，互联网金融及非法集资案件频发。在区域金融改革中，也要加强金融监管，提高监管强度和有效性，消除监管空白与监管套利，特别是对于可能引发区域性、系统性风险的因素，要及时纳入宏观审慎政策管理框架妥善加以应对，切实维护金融稳定。

三、区域金融改革有利于灵活处理立法与实践的关系

区域金融改革有利于灵活处理改革立法与改革实践的关系。一种观点认为，改革要先进行立法，才能按照规矩更好地推进改革。区域金融改革没有历史先例和国际经验借鉴，立法所要调整的社会关系尚未形成的时候，无从谈论如何去立法。实际上，区域金融改革创新体现了立法与探索的协调统一——区域试验是立法和找规矩的前提，总结正反两方面经验后，再通过完善法律法规找到全国性发展路径。

中国是一个转轨经济体，同时地区差异较大，发展不平衡，不同的社会经济基础下，从国外借鉴的法律缺乏真正适用的基础。只有先行实

践，允许各地尝试选择各种改革路径，才可能在不断改革实践的过程中提炼出经验，为未来的改革立法提供现实依据。推进区域金融改革的目的之一，就是让其作为金融改革的一个试验场，先行探路、超前探索、积累经验，在实践中不断总结完善，并将其中被证明是行之有效的、能够复制的有益经验逐渐大面积推广，在此过程中，充分总结经验，完善法律法规，形成制度良性演进的改革路径。

当前，已经有一些区域金融改革当中体现了改革立法与改革实践的协调统一。例如，四川成都统筹城乡金融改革创新试验区就在农村承包土地的经营权和农民住房财产权抵押（"两权"抵押）贷款方面先行先试，为更大范围推广积累了产权等司法实践经验。浙江温州探索研究通过地方人大制定《温州市民间融资管理条例》的方式，对民间金融进行规范指导，开创了中国地方金融立法的先河。

四、区域金融改革有利于发挥地方积极性

在中国改革进程中的一个突出特点是地方和基层的改革积极性很高，很多地方政府和一些机构都积极要求进行改革试点。其中一个原因，就是它们普遍认识到，只有通过改革，才能巩固地方的经济社会发展，推动本地的各种创新，维护本地的社会稳定。地方各个方面普遍表现出比较强的改革热情，不断有基层提出来，希望上级政府或有关部门能批准它们进行改革试点；而且在用词上，经常强调"综合试点改革"，希望得到较全面的政策支持。

地方政府和地方金融部门的改革积极性和首创精神对于改革而言是十分重要的。在区域金融改革中，一方面，政府要主动转变职能，破除阻碍金融改革与发展的体制机制障碍，减少对市场的过度干预，将原本属于市场的权利还给市场，通过市场合理配置各类金融要素。另一方面，地方政府作为区域金融改革的组织者和实施者，需要在搭建平台、

建立机制、强化服务和优化政策等方面上发挥更好的作用。

可以说，地方政府之间的竞争是推动区域金融改革的重要动力之一。中国经济上的分税制改革造成地方政府为区域经济增长而展开竞争。为了在区域竞争中获取稀缺的金融资源，地方政府高度重视金融，改善区域金融生态环境，加大多种投入吸引金融资源以促进当地经济的快速增长，其有利的一面是金融组织的创新和金融业务突破原有的局限，出现了各地方激烈的"金融竞赛"局面。这种区域间的"金融竞赛"以及由此衍生的金融创新行为具备了制度上进行突破的可能性。

因此，区域金融改革有利于充分激发基层探索的原动力和首创精神，通过区域金融改革实现中央区域经济发展战略，优化中央与地方的发展关系，有利于中央金融改革的顶层设计。

总的来看，区域金融改革试点立足本地实际，深化体制机制创新，支持条件成熟的地区根据当地经济发展实际和产业结构升级需要，做好金融改革与产业结构升级、金融创新与经济社会发展需求的衔接，引导地方充分利用现有政策，提高金融运行效率，推动符合当地实际、具有地方特色的金融改革创新，在深化和落实全局性改革战略方面取得了积极的先行先试效应，对全国的金融改革和经济发展具有重要的探索意义。从改革路径上看，"自上而下"的全局性金融改革与"自下而上"的区域金融改革相得益彰，既尊重市场选择，又有全国统筹，有利于处理好金融改革与其他改革、金融改革内部子项改革之间的关系，有利于处理好政府与市场的关系，从而形成制度良性演进的改革路径，也符合中国经济体制改革整体推进、重点突破、条块结合的基本经验。

第二节　开展区域金融改革的主要构件

区域金融改革是中国金融改革的重要维度，在选择区域金融改革试点地区，以及深入推进区域金融改革的过程中，有几个方面是必须要加以注意的。

一、区域金融改革需要紧密结合全局性金融改革框架

区域金融改革首先要强调的一点，就是必须要紧密结合全局性金融改革框架。区域金融改革作为立足于各区域经济实际的金融改革，充分发挥地方积极性和主动性，是一项"自下而上"的先行实践。但区域金融改革模式并不是孤立存在的，而是和全局性改革相互交织、相辅相成的，必须要紧密结合"自上而下"的全局性金融改革框架。

金融改革是一项复杂的系统工程，需要将顶层设计与基层创新有机结合起来。在改革中，全局性金融改革的顶层设计对改革方向、思路和路径选择的全局性框架进行了定位，区域金融改革需要在这个全局性框架的定位之下开展，保持与全局性改革总体进程的一致性，要根据中国金融业改革开放的整体战略部署，在全国一盘棋的总体框架下进行探索，要服务于国家层面金融改革开放的总体安排。同时，要充分发挥基层探索的作用，先行先试，为全局性金融改革提供试错、修正的机会和丰富的实践经验。

需要注意到，金融市场是个流动性很强、非常活跃的市场，区域金融改革有可能产生外溢效应，对周边地区产生正的或负的外部性影响。加之金融业杠杆率高，对经济具有明显的全局性影响。因此，为避免可能的影响，区域金融改革更加需要注意紧密结合全局性金融改革框架，确保在鼓励发展基层创新的同时，仍然保持顶层设计的系统性、整体性和协同性。

二、区域金融改革需要与地区经济社会发展特色相结合

区域金融改革往往以金融综合改革试验区的形式进行，金融综合改革试验区是综合性与专项性相结合的、内含各类金融政策组合的试验区。而全局性的金融改革是从顶层进行制度的设计，在全国范围内统一部署和行动。区域金融改革与全局性金融改革的一个重要差别就是，它既具有综合性，又具有专项性。

区域金融改革的综合性体现为：为了推进区域金融改革，金融综合改革试验区往往是包含了产业政策、财政政策、税收政策、金融政策及土地政策等一揽子综合政策的试验区。

区域金融改革的的专项性体现为：在推进区域金融改革的过程中，金融综合改革试验区具有在一揽子综合政策框架下，以某一专项性政策的改革试验为核心的特点，以试验区的形式推进区域性改革，注重发挥地方的积极性和能动性，采取"先试点、再总结、后推广"的模式。

区域金融改革的专项性意味着试点地区需要具有鲜明的改革特色，试点地区所面临的体制机制问题既要能代表本地区的普遍性，与其他地区相比又更为特色鲜明。区域金融改革所确定的改革任务既要反映本地区改革发展的特点，又要对推动全国或一定区域的改革具有示范意义或突破意义。

一方面，区域金融改革所确定的改革任务需要能反映本地区改革发展的特点和现实需要。区域金融改革必须与地方经济特点和发展要求紧密相连，立足当地实际，契合区域产业经济特点，结合地方经济金融的历史发展传承和现实需求状况，针对区域经济金融发展中的痛点、难点和重点问题来展开。为此，要紧紧围绕区域经济金融的阶段特征和突出问题，因地制宜，在适当的目标下持续推进区域金融改革。

另一方面，区域金融改革的问题需要在全国同类问题中具有典型

性，要能够为全国其他地区提供可参考、可复制的成功经验和做法，为全局性金融改革提供有益的借鉴。推进区域金融改革的重要目的就是将其作为金融改革的一个试验场，在实践中不断总结完善，并将其中被证明是行之有效的、能够复制的有益经验逐渐大面积推广，从而达成配合国家层面的全局性金融改革的目标。因此，要选择特色鲜明、优势突出、条件具备的地区开展对全国金融体制改革具有重大实践探索意义的金融专项改革。

从各区域金融改革的实际进程看，对于区域金融改革设立的金融综合改革试验区而言，往往是选择在地方特色鲜明、比较优势突出的地区设立，以金融为核心，在各项金融政策中有针对性地选择某一项或几项进行改革试验。试验可从金融生态环境、基础设施、支付和信用体系建设等方面切入，要求专项金融政策有一定的前期基础，与中央协调管理顺畅，具备相应的技术条件，最终以金融服务实体经济为本质，以为全局性金融改革提供参考为目的。改革往往从小范围的专项改革开始，以市（区）级层面改革居多，因地制宜，差别定位，各有侧重，各具特色，突出某一方面的特色或重点。

例如，上海以国际化和完善市场体系为重点建设国际金融中心，同时依托自贸区建设，探索扩大人民币跨境使用和投融资汇兑便利化；云南、广西以人民币跨境使用为重点探索沿边金融改革创新；湖南主要着力于长沙、株洲、湘潭（以下简称"长、株、潭"）城市群金融改革支持"两型"社会建设，以征信和支付结算为重点进行金融服务创新综合试点；山东青岛财富管理金融综合改革试验区主要探索财富管理发展的新模式和新途径等。试点的区域范围不大和专项性较强，体现了区域金融改革是一个不断探索、允许"试错"的过程。

三、区域金融改革对地区综合素质有一定要求

区域金融改革试点需要在条件具备的典型地区有针对性地开展，选择在哪些地区开展区域金融改革试点，既要考虑到全局性金融改革的需要，也要考虑到各区域的现实条件。

一是试点地区要有代表性。为了有力推进区域金融改革，需要结合区域经济金融特征，有针对性地选择一些基础条件较好的地区开展专项性质的改革。这些试点地区需要在全国范围或东、中、西部区域内有一定影响力和带动力，有利于依托地理区位优势开展金融合作，能够代表处于不同生产力发展阶段的阶段性特点。

从各区域金融改革的实际进程看，区域改革试点地区具有较为充分的代表性，布局范围既考虑了经济发展阶段，同时也考虑了空间布局，东部、中部和西部都有所覆盖。其中，包括上海、天津、浙江、广东、山东、福建等沿海发达地区，如上海自贸区金融开放创新、浙江台州小微企业金融服务改革、珠三角粤港澳金融合作、山东青岛财富管理金融综合改革等；包括湖北、湖南、江西等中部工业化转型地区，如湖北武汉城市圈科技金融创新、湖南"长、株、潭"金融支持"两型"社会建设、江西赣江新区绿色金融改革创新试验等；包括陕西、青海、贵州等西部欠发达地区，如陕西宜君县农村普惠金融试点、青海普惠金融试点、贵州贵安新区绿色金融改革创新试验等；包括黑龙江、吉林等东北老工业区，如黑龙江两大平原现代农业综合配套金融改革、吉林农村金融改革等；还包括云南、广西、新疆等多民族聚居区和边疆地区，如云南和广西沿边跨境金融改革，以及新疆哈密市、昌吉州和克拉玛依市绿色金融改革创新试验等。

二是试点地区要有较强的组织领导。区域金融改革试点地区需要有较强的组织领导，试点地区地方政府领导班子需要高度重视改革工

作，把改革放在突出位置，有较为健全的领导体制、组织机构和推进机制，能够为试点工作的推进提供强有力的组织保障。

在区域金融改革中，地方政府发挥着重要作用。首先，区域金融改革离不开地方政府的整体规划和协调推进。金融综合改革试验区一般是包含了产业政策、财政政策、税收政策、金融政策及土地政策等一揽子综合政策的试验区，金融改革需要产业政策、财政政策等配套措施的协调和配合，这离不开地方政府的规划和协调。其次，政府可以通过搭建平台、建立机制、强化服务和优化政策，广泛调动起金融机构、经济组织、民营企业、基层个人等多元市场主体参与改革的热情，激发基层创新活力。如果金融改革没有同步进行相关基础设施建设，那么金融创新也仅仅只是纸上谈兵。最后，区域金融改革可能伴有金融风险，政府在防范系统性风险和保障区域金融稳定方面负有重要职责。

区域金融改革的主体责任在相关试点地区的地方政府，因此，为了有力推进区域金融改革，就要求地方政府要有较强的组织领导，能够高度重视改革试点，积极做好探索创新工作。一方面，要通过成立区域金融改革创新工作领导小组等方式，加强领导、精心组织、统筹规划、协调推进各项试点工作；另一方面，要加大财政、土地、人才等方面的政策支持，加大对改革试点的投入，发挥财政资金的撬动作用，增强金融创新的内生动力。同时，还要在改革过程中强化主体责任，加强事中、事后监管，定期跟踪落实情况。

三是试点地区要有较好的工作基础。区域金融改革试点地区需要具有一定的工作基础。特别是要在金融领域已经进行了有益的改革探索，并已走在全国前列，积累了一定的实践经验，具备了先行先试、率先突破的基础条件。

要求试点地区具有工作基础主要是出于两方面的考虑。一方面，区域金融改革需要立足当地实际，结合区域产业经济的特征，尊重市场规律，通过挖掘当地潜力提高金融资源的配置效率，这就要求试点地区的条件较为成熟，具有一定基础，否则，如果需要待条件成熟，积累了经验再开始改革，就需要花费大量的时间成本和资金成本。另一方面，试点的目标是为了能够在体制创新上取得新突破、创造新经验，总结积累可复制、可推广的经验。只有在工作基础较好的地区才可能取得较好的改革效果，能够通过自身在某方面的突破为其他地区的建设提供示范。

例如，在2017年6月开展的浙江、广东、新疆、贵州和江西五省（区）的绿色金融改革创新试验中，五个省（区）都具有良好的生态资源禀赋，并且在前期都已经积极探索了绿色金融实践，在支持产业绿色转型、支持绿色发展方面都有一定的基础，在绿色信贷、绿色保险、绿色产业基金，甚至在环境权益交易等方面都进行了积极探索创新。

四是试点地区要有相应的发展潜力和承受能力。选择区域金融改革试点地区的最后一个重要条件，是需要具有相应的发展潜力和承受能力。一方面，从改革成本来看，改革之路从无坦途，改革是需要成本的，不付出成本，改革将无法进行，这要求试点地区各方做好为改革付出必要成本的准备。为此，试点地区需要具备一定的经济实力，在经济金融规模、机构、服务、生态等方面达到较高水平，能够支付必要的改革成本。

另一方面，从改革成果来看，金融的发展是市场竞争的结果，需具备人才、基础设施、机构等基础条件，因此，具有相应发展潜力的地区才可能取得改革成果。区域金融改革要想取得成果，就必须发挥基层微观主体的积极性和创造性，这也就需要试点地区群众对改革的认识程度深，支持改革、参与改革的积极性高，能正确对待改革成果。

四、区域金融改革需要遵循若干原则

区域金融改革需要遵循"减少管制、支持创新、鼓励民营、服务基层、支持实体经济、配套协调、安全稳定"的原则。

一是减少管制。金融业作为竞争性的服务行业，应该按照"负面清单"的准入制度和扩大服务业开放的要求，为各类投资主体准入提供公平竞争的市场环境。而由于各种原因，长期以来金融业在中国是一个受到较强管制的行业，这阻碍了市场竞争，抑制了金融创新，造成金融资源配置效率低下。因此，进一步推进区域金融改革创新，需要减少行政管制，增加市场力量，做到依靠市场、适应市场，使市场在资源配置中起决定性作用，通过市场来提高金融资源的配置效率。为此，在推进区域金融改革过程中，要遵循市场经济规律，避免政府部门过多的人为干预。一方面，减少原有不必要的行政管制，遵循市场经济规律，实现各类社会资本在金融领域的公平和自由准入；另一方面，在对待新兴金融业态上持宽容理性的态度，在风险可控的前提下，支持其规范发展，充分发挥市场的力量。在制度安排上采用市场化手段，通过放宽金融市场准入，使金融要素价格市场化、金融机构退出市场化、金融市场主体选择自由化，实现金融资源优化配置。

二是支持创新。推进区域金融改革的主要目的就是让其作为全局性金融改革的一个试验场，探索行之有效的新途径、新办法。只有通过大胆创新，开拓进取，才能实现先行探路、超前探索、积累经验、复制推广的作用，因此，创新是改革试验的灵魂所在。区域金融改革的创新可以是金融产品和服务创新、金融组织形式创新、金融服务平台创新等方面的单项创新，也可以是立足现有政策框架，重新组合、深入挖掘，用好、用足现有政策工具，从而使现有的金融资源更好地、更有效地组织流动起来，产生集成效应的"集成创新"。值得指出的是，支持创新要允许一定范围内的"试错"。区域金融改革试点就是一个不断试错、不断修正并取得经验和教训的过程。有些改革创新的政策目标和措施看起来非常好，但实施效果与初衷的落差可能很大，这种"证伪"在某种程度上也应视作区域金融改革试点的成效。而如果改革只许成功不许失败，就会使改革实践者不敢创新和大胆探索，从而使改革安于平庸，流于形式。鼓励创新、允许"试错"有利于营造出想改革、谋改革、善改革的浓厚氛围。

三是鼓励民营。鼓励民营资本进入金融业，是未来金融业发展的大势所趋，也是区域金融改革重要的改革措施之一。与国有资本相比，民营资本在市场效率、产权安排、创新能力等方面都有一定的比较优势。民营资本深层次地参与到金融改革当中，不仅有利于完善金融市场体系，有利于优化金融业竞争格局，也有利于促进区域金融改革的良性发展。区域金融改革要特别注重消除对民间资本的歧视或者过度管制，打破民间资本进入金融业的"玻璃门"和"弹簧门"，实现各类社会资本在金融领域的公平和自由准入。一定时期内，民营资本进入金融领域的重点应该是着眼于与大型金融机构展开错位竞争，弥补现有金融供给的不足。因此，在区域金融改革过程中，应该通过适当引导，使民营资本更多地进入中小金融机构、零售金融机构、社区金融机构等，并且能够更好地服务于民营企业、中小企业或农村等金融资源供给不足的领域。

四是服务基层。一方面，区域金融改革的动力来自于基层，改革本身是通过基层创新推动而发生的，在改革过程中需要立足当地实际，通过基层创新积累成功经验，充分发挥基层改革的原动力和首创精神，发挥基层微观主体的积极性和创造性，用基层实践检验并完善改革政策。另一方面，区域金融改革的成果将会惠及基层所有人民。区域金融改革在推动改革创新的同时，也有利于实现金融惠民利民，通过加大对小微企业、民生领域、薄弱环节的支持力度，加快金融基础设施建设，不断提升金融服务水平，提升金融生态环境质量，能够让广大人民群众更为直接地享受到金融改革发展的成果。

五是支持实体经济。区域金融改革要以服务实体经济为本质，坚持金融服务实体经济的根本要求。区域金融改革是为了探索金融服务实体经济的新途径、新办法，为破解金融支持实体经济发展的难点、痛点提供宝贵经验。金融市场效率的提升是为了服务于实体经济增长，服务于企业发展和人民福利的需要，不能简单地为了改革而改革。因此，在区域金融改革的目标上，要以更好地服务实体经济发展为主线，尊重实体经济的发展需求，而不能仅仅为了提升区域地位或者争取中央政策而进行改革。在区域金融改革的过程中，要注重提升金融服务实体经济的水平，通过优化信贷投向、拓展融资渠道、提升金融服务等措施，发挥金融资源配置对实体经济发展的引导和促进作用。

六是配套协调。区域金融改革是一项牵涉面非常广泛的系统工程，金融综合改革试验区是包含了产业政策、财政政策、税收政策、金融政策及土地政策等一揽子综合政策组合的试验区。除了金融管理部门和金融政策之外，还需要其他部门的相关制度安排和政策以协调配合，来共同推动金融与实体经济及其他领域的良性互动、共生发展。区域金融改革试点的一个核心内容就是要建立正向的激励相容机制，充分发挥地方政府的积极性和能动性，共同制定金融改革试点实施细则和行动计划，并协同出台相关的配套措施和支持政策。因此，区域金融改革需要发挥地方政府、金融管理部门、金融机构、实体企业等多方作用，加大金融、财税、产业、司法、投资等政策的协调配合，不断完善多方联动的政策支持体系，发挥各项政策在支持区域金融改革中的协同效应，保障区域金融改革的顺利开展。

七是安全稳定。金融稳定是区域金融改革的前提和基础，区域金融改革必须守住不发生区域性、系统性金融风险的底线。要建立区域金融改革风险防范机制，坚持在防范风险的前提下促进区域金融改革创新，同时在区域金融改革创新的过程中增强防范风险的能力。当前，我国金融不稳定因素增多，包括经济下行压力增大、金融机构信用风险加速暴露、跨市场及跨行业的风险和表外业务风险隐患增多、企业杠杆率依然高企、互联网金融及非法集资案件频发等，面对这种情况，要在区域金融改革中把防控金融风险放到更加重要的位置，将打造良好的金融生态系统、加强风险防范和化解作为改革的重要内容。首先，要支持和鼓励金融机构在稳健经营、合规经营的基础上开展金融创新，通过提升金融资源配置效率，实现经济持续健康发展和金融长期稳定。其次，要加强破产重整、担保圈风险处置等化解风险手段的实践探索和经验总结，以市场化、法治化手段深入推进风险防控。最后，要注重加强金融监管，完善地方金融管理体系，提高监管强度和有效性，探索"穿透式"监管范式，消除监管空白与监管套利，特别是对于可能引发区域性、系统性风险的因素，要及时纳入宏观审慎政策管理框架妥善加以应对，切实维护金融稳定。

第三节　区域金融改革的逻辑

区域金融改革的逻辑主要可以概括为三个方面。

一是立足于试点地区的发展实际，坚持问题导向。区域金融改革创新是为了推动解决区域经济发展与金融体制的不匹配问题而进行的，这些问题根植于本地区，但又往往在较大范围甚至全国范围内具有一定的代表性。为解决这些问题而确定的区域金融改革任务既能反映本地区改革发展的特点，又对推动全国或一定区域的改革具有示范意义。

对于全国共性的问题，特别是在全国层面"一刀切"难以解决的问题，比如小微企业融资问题、"三农"问题、科技金融问题等，需要寻找一些基础条件比较好的地区，探索各种政策、措施的效应。在一个地区或一个点上取得突破，以点带面，检验政策的有效性和配套措施的条件等，形成可复制、可推广的成功经验。例如，浙江台州是小微企业金融服务改革创新的先行地区，多年来积极探索小微企业金融服务改革创新路径，在金融支持小微企业、服务实体经济等方面具有一定基础和优势。因此，台州以民营小微企业为主的经济主体、丰富的小微企业金融服务经验能为深化探索小微企业融资难、融资贵问题提供良好的基础。

基于问题导向的逻辑，开展区域金融改革的目标之一就是要探索总结出可资其他地区借鉴、复制、推广的经验和做法。如果只能在改革地区小范围内适用，无法在更广阔的区域、更广泛的领域得到应用和推广，这样的金融改革创新并没有太大的意义。因此，需要在科学评估的基础上，积极推广区域金融改革取得的成功经验和可借鉴、可复制、可推广的具体做法。对于试点证明可以在全国绝大部分地区复制和推广的成功经验，积极引导宣介、推广，并形成相应政策建议；对于只适用于部分地区的经验或做法，积极组织交流和相互借鉴；对于改革试验中发现的问题，积极予以修正，及时吸取经验教训。

二是充分发挥试点地区的比较优势。区域金融改革贵在特色，试点地区需要找到发挥自身的比较优势，以此作为改革突破口，在重要领域和关键环节首先取得突破，从而助推整体金融改革进程。

试点地区的比较优势可以是来源于多方面的，包括区域经济优势、产业优势、先发优势或者区位优势等。例如，在产业优势方面，浙江义乌民营经济发达，是我国重要的国际贸易窗口。自义乌金融专项改革正式启动以来，义乌积极主动，在建设便利化贸易服务体系、构建多元金融服务体系、优化金融生态环境等方面不断突破，有力助推了义乌国际贸易综合改革试点。又如，在区位优势方面，云南、广西在中国沿边开发开放中占有重要地位，作为中国重要的边疆省份和多民族聚居区，是中国通往东南亚和南亚的重要陆上通道，具有向西南开放的独特优势。在云南和广西两省（区）沿边地区试点以跨境人民币业务创新为主线的金融综合改革，有利于贯彻落实国家沿边开发开放战略，有利于推进边疆地区和民族地区经济金融和谐发展，有利于深化中国与东盟和南亚国家金融合作，有利于为中国金融改革开放积累经验。

充分发挥比较优势是取得区域金融改革突破的关键，也是区域金融改革顺利推进的客观要求。就一个地区的区域金融改革而言，受到经济实力和金融资源的限制，不可能做到面面俱到，只能结合区域优势和经济特点，通过错位竞争等手段实现重点推进。因此，在推进区域金融改革中，必须在全局性金融体制改革的背景下，结合区域相对优势，探索错位竞争和差异化发展的区域金融改革路径。

三是补足试点地区的发展短板。区域金融改革的另一个逻辑是缺什么补什么，或者什么弱补什么。各试验区要试验试点的内容，往往既是该行业领域发展的短板，也是影响一个地区可持续发展的障碍。

例如，在民生领域，小微企业服务和"三农"是短板，对应的是小微企业金融服务和农村金融改革试点等。在农村金融改革试点中，需要重点解决产权制度、资源补贴、城镇化融资机制等方面面临的问题。为此，浙江丽水以"三权"抵押贷款为重点，大力推进农村产权融资服务体系建设，将农村金融改革与农村产权制度改革协同推进，大力推进确权登记颁证工作，并通过搭建农村产权交易平台、完善扶持政策、创新多层次农村产权融资产品等手段，打造了具有区域特色、能复制推广的农村金融改革模式。

在竞争领域，科技创新是未来的核心竞争力，金融要发挥支持作用，需要科技与金融的有效衔接。为此，武汉在过去自主开展科技金融改革创新的基础上，建立了以科技金融专营机构、科技金融专营机制、科技金融专项信贷产品、科技金融信息信用专业平台、科技企业直接融资专项措施、科技金融专门监管政策"六个专项"为特点的科技金融改革创新模式。

在开放领域，国际化、法治化营商环境需要完善，金融开放需要进一步推进，从而有必要开展在自贸区的先行先试。为此，上海自贸区在贸易投资便利化上，提出探索投融资汇兑便利化，推动资本项目可兑换进程，进一步扩大试验区对外开放，支持企业"走出去"，推动扩大人民币跨境使用，使区内企业和个人更加灵活使用本币进行跨境交易，降低汇兑成本，减少汇率风险。在广泛的投资界定、准入前国民待遇和最惠国待遇、资金自由转移要求、金融审慎例外等方面很好地对接国际高标准经贸规则。

第二章
区域金融改革的历史背景与试点概览

第一节　区域金融改革的历史背景

改革开放三十多年来，中国受益于体制改革和对外开放，不断创造发展的奇迹，已经成为名副其实的经济大国，但也仍面临结构性失衡等发展难题，中国经济发展进入新常态。与此同时，尽管近年来部分国家贸易保护主义兴起、逆全球化思潮上扬，但经济全球化趋势不可逆转，各国经济之间的相互依赖和融合仍将进一步加深。伴随着发展阶段的转换、开放程度的扩大和发展理念的转变，金融业出现了新的发展特点，也面对着进一步深化金融改革和扩大金融对外开放的重要任务。区域金融改革正是在此时代背景下展开，与不断推进的全局性金融改革紧密结合，共同推进中国金融在改革创新的道路上奋力前行。

从纵向上看，区域金融改革延续丰富了中国过去三十余年的改革试点经验，是新形势下对经济特区建设成功经验的历史借鉴。同时，区域金融改革创新探索中国金融对外开放，并将继续引领中国金融进一步对外开放，继续坚定不移地走金融对外开放的道路。

从横向上看，区域金融改革先行试验现代金融业的发展热点、难点，推动了科技金融、绿色金融和普惠金融的发展，推动了农村金融的发展和民间金融的阳光化、规范化，对探索化解中国金融发展难题起到了重要作用。

一、区域金融改革持续丰富中国改革试点经验

区域金融改革持续丰富了中国过去三十余年的改革试点经验，是新形势下对经济特区建设成功经验的历史借鉴。

从改革开放之初的安徽凤阳小岗村试点家庭联产承包责任制和建立深圳、珠海、厦门、汕头、海南经济特区开始，中国在经济领域探寻了一条"摸着石头过河"的改革路径。以改革开放建立的第一个经济特区——深圳经济特区为例。深圳在短短三十余年中，从一个不起眼的小渔村发展成为中国经济的中心城市、改革开放的窗口、具有国际影响力的大都市。这一成功实践证明，经济特区在体制改革中发挥着"试验田"的作用，在对外开放中发挥着重要的"窗口"作用，在自主创新中发挥着重要的排头兵作用，在现代化建设中发挥着"示范区"作用。

特区经验告诉我们，经济发展需遵循从"点"到"线"再到"面"的发展路径，而经济特区是做"点"的最好形式，是经济社会变革的突破口。建立经济特区成为中国利用境外资金、技术、人才和管理经验来发展本国和本地经济的重要手段，在中国工业化、城市化和现代化进程中发挥了重要作用，成为中国实施区域经济发展战略的重要形式。

"摸着石头过河"的改革路径和"以点带面"的特区经验在中国改

革开放之初发挥了至关重要的作用。新世纪以来，中国发展经历了高速增长时期，2008 年国际金融危机之后，面临着复杂的新形势和新环境，经济社会发展处于增长速度换挡期、结构调整阵痛期、前期刺激政策消化期"三期叠加"的重要时期，经济金融在结构性调整中亟须重塑增长动力，改革进入攻坚区和深水区。在金融领域，监管体制改革、人民币国际化以及汇率市场化改革尚未达成。在这样的背景下，必须在新的历史起点上全面深化改革，要以开放创新倒逼改革，向创新要动力，向改革要活力。区域金融改革在新形势下秉承借鉴经济特区的试点建设成功经验，遵循"摸着石头过河"的改革路径，形成了"自上而下"与"自下而上"相结合的改革路径探索，正是对中国改革试点经验的秉承与深化。

借鉴改革开放以来的试点经验，人民银行在区域金融改革的过程中，特别强调要注重将"自上而下"的顶层设计和"自下而上"的基层探索相结合推进金融体制改革的路径模式。对于涉及全局的金融重点领域和关键环节改革，要通过统揽全局的顶层制度设计，"自上而下"统一部署和行动，统筹考虑各方面关系，实现全国一盘棋式的改革。而对于涉及各区域经济结构性特点的金融改革，要更多地尊重基层的首创精神，注重发挥地方的积极性和能动性，采取"先试点、再总结、后推广"的模式，尊重"自下而上"的市场选择。

这种制度安排可以有效避免改革试点工作中的单兵突进风险。一般来讲，发端于地方先行先试的改革往往在抓住一个点以后迅速推进并形成一种模式，这类改革在我国历史上成功的较多。但在中国经济转轨过程中，改革创新的试点环境和条件随时可能发生变化，往往导致原先开展的各项试点工作事实上成为不可逆的沉没成本。因此，传统的以点带面的区域试点工作面临着较大的路径依赖风险。

新世纪以来，区域金融改革在借鉴历史的经验教训基础上，紧密结合中国全局性金融改革框架，形成了上下互动、有进有退的探索模式。

在全局性金融改革框架下，区域金融改革可以依托国家层面的总体改革进程，在局部地区和局部领域进行先行先试，既为全局性金融改革积累经验，又将可能的改革成本降低到最低限度。而事实上，这种上下结合的区域金融改革很少出现方向性错误，即便存在，也可以及时纠偏。

二、区域金融改革创新探索中国金融对外开放

区域金融改革体现了适应经济全球化和加快对外开放的需要，自贸区金融开放创新等区域金融改革创新探索着中国金融对外开放的道路。

改革开放以来，伴随着经济全球化、金融全球化的深入发展，中国对外开放的力度不断加大，领域不断拓宽，水平不断提高，全方位、多层次、宽领域的对外开放格局也逐渐形成。2001 年 12 月 11 日，中国正式成为世界贸易组织（WTO）的成员，经济金融环境进一步发生变化，金融对外开放步伐加快，外资金融进入中国给中国金融业带来很大压力。开放的压力客观上进一步要求中国加快融入世界经济体系的步伐，对外开放成为推动中国金融体制改革最主要的动力之一。总体来看，自 2002 年以来，中国金融的整体面貌发生了历史性变化。中国金融业迅速发展壮大，金融改革迈出重大步伐，金融各项功能不断完善，金融领域对外开放稳步扩大，金融监管和法制建设明显加强。

中国金融对外开放的过程可以简单分为三个阶段。第一阶段是从 1979 年开始到 20 世纪 90 年代初，这一阶段的开放重点是引进外商直接投资。第二阶段是从 20 世纪 90 年代中后期到 21 世纪第一个十年，这一阶段的开放重点是人民币实现经常项目可兑换，同时加入 WTO。第三阶段是在 2010 年之后，这一阶段的开放重点是逐步实现人民币资本项目可兑换，便利资本双向流动。如果说第二阶段中国融入了全球贸易体系和制造业分工体系，那么在第三阶段中国则需要更多、更好地融入

全球金融市场和金融体系。

从中国金融体系的全球化定位看，在经济全球化背景下，随着中国经济体量的增大，中国金融体系在全球的定位需由参与型向主导型发展，在全球金融体系的规则制定、市场运行、机构版图等方面更多发挥引领和主导作用，以更好地运用"两个市场、两种资源"，提高中国经济运行的效率和金融的全球话语权。

从中国金融体系全球化的内涵和外延看，中国金融体系全球化涵盖"进"和"出"两个方向，包括金融市场、金融机构、金融基础设施三个维度。金融机构的全球化包括银行、证券、保险等各类机构的双向开放。金融市场的全球化包括股票、债券、外汇、货币、信贷市场等的双向开放。金融基础设施的全球化包括交易平台、支付系统、登记托管系统、结算清算机构、信息报告库、征信系统等的双向开放。同时，金融体系全球化包括货币政策、财税政策、宏观审慎政策、金融监管、法律制度、会计制度等的全球化。

金融业的对外开放，既给金融改革带来动力和激励，也意味着巨大的挑战。当前，中国金融对外开放中还存在一些问题。例如，金融体系全球化的程度与经济体量不匹配，缺乏战略性顶层设计；金融市场对外开放取得较大进展，仍有待提升；金融机构"走出去"弱于"引进来"；金融基础设施建设取得进展，但对外开放仍处于初级阶段；宏观政策框架不断完善，但与融入全球市场的要求还不完全匹配；金融及其他相关改革取得重大进展，但还需继续稳妥推进；市场监管能力显著提升，但还不能完全适应金融体系全面对外开放的局面等。在特殊的历史阶段需要中国专门开辟一些平台，例如以自贸区建设等形式对相关问题的处理进行先行先试，探索可行的解决之道。

金融服务业是竞争性服务业，对外开放也是中国金融业提高服务水平、增强竞争力的重要途径。全球发展经验表明，对金融业的保护易导致懒惰、财务软约束、寻租等问题，反而使竞争力更弱，损害金融行业的发展，导致市场和机构不健康、不稳定。中国金融业引进外资、扩大竞争以来，带来了产品演变、市场建设、业务模式、管理经验等的一系列变化。商业银行通过竞争性股改上市，经营效率、资产质量、公司治理等有了较大提高。外资银行的进入也对国内政策带来了改革压力，包括会计准则、监管标准以及"营改增"等都加强了与国际的接轨。目前，国内很多金融机构都已经"走出去"参与国际竞争，风险管理、定价和反洗钱等都有了实质性变化。总的来看，金融行业在对外开放过程中，由竞争机制带来压力、动力、进步和繁荣，会发展得更好。因此，要继续坚定不移地走金融对外开放的道路①。

金融业对外开放的一个重要体现是制定外商投资准入特别管理措施，即制定负面清单。在制定自贸区负面清单的过程中，特别需要强调的一个理念是，金融业作为竞争性服务业，原则上不应列入负面清单，对确需保留的个别限制措施，应考虑以是否对国家安全、经济金融安全构成威胁为原则，在提出充分理由并详细论证后，才可列入负面清单。自贸区是进一步扩大开放的试点，开放步子可更大一些，金融业负面清单应该更短，才能真正符合实行负面清单管理的方向，为未来负面清单模式在全国范围内的适用打好基础、做好准备。

例如，在自贸区负面清单中，对相关金融机构资质和持股比例的要求已不符合中国金融业扩大开放的需要。从金融业发展趋势看，取消这两者的限制是进一步扩大中国金融业对外开放，激发外资金融机构参与中国市场的积极性，进而提升中资金融机构竞争力的必要途径，也是中国走向金融强国、经济强国的必然要求。此外，人民币国际化已成为不可逆转的趋势，各类外资银行在包括港澳台在内的离岸人民币市场从事人民币业务已不受限制，在境内继续对其从事人民币业务进行限制已严重滞后于人民币国际化的需要，也与当前中国"实施新一轮高

---

① 本段来自周小川行长在 2017 陆家嘴论坛上的讲话。

水平对外开放"的要求不符。

从自贸区负面清单制定的历史演化看,中国正在依托自贸区逐步修正和完善负面清单,逐步迈向国际化和法治化的全球治理高度。例如,最近2017年版的负面清单已经取消了对外资银行在境内从事人民币业务的限制,以及境外金融机构作为金融资产管理公司的战略投资者的相关总资产的要求。

三、区域金融改革先行试验现代金融发展热点

金融是随着经济、社会、科技的发展而不断变化发展的,新世纪以来,伴随着信息技术的发展、经济发展理念的转变、消费行为模式的变化,金融业也出现了新的发展趋势和发展方向。其中,科技金融、绿色金融、普惠金融是金融发展中尤为突出而重要的几个发展热点。区域金融改革紧跟时代背景,顺应现代金融发展趋势,在金融综合改革试验区中通过各具特色的主线建设,有力推动了科技金融、绿色金融和普惠金融的发展。

(一) 区域金融改革推动科技金融发展

现代金融发展的一个重要趋势是科技与金融相结合,科技与金融呈现相互融合、相互推动的发展趋势。

一方面,科技有力推动金融业的创新和发展。进入新世纪以来,在金融业快速发展的同时,支撑金融业发展的科学技术也在日新月异,并被成功导入了金融业,金融与科技融合发展,派生了各类让人眼花缭乱的金融创新。随着云计算、大数据、人工智能、区块链等新兴技术在金融业的广泛和深入应用,金融业的数据分析能力、风险控制水平、决策水平以及服务水平得到显著提升,整个金融业的生态环境和技术模式产生了深刻变革,科技手段成为提升金融服务效

率、降低金融交易成本、减小金融交易中信息不对称的重要驱动力。与此同时，金融科技的快速发展也催生了一系列新的金融风险问题，给现行金融监管体制提出了新的挑战。

另一方面，科技的发展需要金融的强力助推。现代科技创新需要大规模的资金投入，科技创新的有效推动需要一个高效健全的金融体系作为支撑。事实上，每一次重大的科技革命和产业变革背后，都伴随着金融资本和金融创新的强力支撑。在中国建设创新型国家的背景下，通过大力发展科技金融，在科技创新活动与金融资源配置之间形成相互融合、共同促进的系统性、整体性制度安排，对于中国推进经济结构调整、实现创新驱动发展具有尤其重要的意义。作为现代创新体系中日益重要的一环，建立合意的科技金融体系是必须和十分迫切的，谁先期投入，谁就有可能抢占科技的制高点，就可以在世界经济格局中保持领先地位。

值得注意的是，对于目前中国偏重间接融资为主导的金融体系而言，其在支持国家创新发展战略上有着不容忽视的不足。以间接融资为主的金融体系在对科技企业的信贷支持上，存在有效供给不足、科技企业现有抵押物与银行所要求抵押物不匹配、科技信贷供给与科技企业信贷需求结构不匹配、科技信贷资金价格不对接以及科技企业的高风险与间接融资规避风险不匹配等多个问题。

在此背景下，选择部分条件较为成熟的地区先行先试，开展以科技金融为主线的区域金融改革，探索中国科技金融开放式创新的新路径、新方法、新机制，就显得十分必要而重要。试点地区可以依托雄厚的科教优势和科技实力，放开科技领域对外开放限制，集聚全球高端要素资源，推动生产方式变革和技术创新，实现创新驱动发展，以科技金融改革创新为主题突破口，从而有利于破解科技企业以及科技产业金融资源获取不足、成长乏力的困境。

基于上述认识，人民银行通过开展区域金融改革，推动科技金融的发展。2015 年 7 月，人民银行会同有关部门联合印发《武汉城市圈科技金融改革创新专项方案》，明确了武汉城市圈科技金融改革创新的八项重点任务，旨在通过以科技金融创新为主线的金融改革创新，实现科技资源与金融资源的有效对接，加快形成多元化、多层次、多渠道的科技投融资体系，有效支持科技成果转化、高新技术产业化、产学研结合和协同创新发展，为中国深化科技金融改革创新及金融服务实体经济探索可复制、可推广的新模式和新路径。

（二）区域金融改革推动绿色金融发展

现代金融发展的另一个重要趋势是绿色金融。绿色金融作为一个市场化的制度安排，在促进环境保护和生态建设方面具有十分重要的作用。绿色金融以环境保护为出发点，强调投资者在投资决策中的环保意识，引导资金流向资源节约和生态环境保护的产业。在环境问题日益严峻，且严重制约全球经济可持续发展的今天，发展绿色金融不仅有助于改善全球环境，还能通过撬动社会资本提升全球的经济增长潜力。

发展绿色金融正在成为全球的共识。在一些发达国家和地区，与绿色金融相关的产品和制度安排已有多年的历史，最初体现在绿色信贷上。"赤道原则"提供了金融机构对环境保护和节能减排的一般准则，成为国际银行业开展绿色信贷的基础。近年来，绿色债券、绿色股票指数和相关产品、绿色保险等创新型金融产品不断涌现，全球金融和生态保护融合的广度和深度不断提升。目前，全球绿色金融活动所支持的行业包括节能、清洁能源、绿色建筑、低排放车辆、污水处理、可持续的水资源等领域。绿色金融为许多国家的环境改善、经济发展和就业提供了有力的支持。比如，欧洲通过绿色信贷、绿色基金、绿色债券等绿色金融手段支持了节能产业发展，创造了大量绿色就业，每年在节能领域创造价值约 2 000 亿欧元①。

目前，中国经济处于供给侧结构性改革引领下的新常态，生态文明建设日益得到社会各界的广泛关注，发展绿色金融成为新常态下的战略选择。2015 年 9 月 21 日，党中央、国务院发布《生态文明体制改革总体方案》，其中首次明确提出"建立绿色金融体系"。《"十三五"规划纲要》中明确提出了"构建绿色金融体系"的宏伟目标，构建绿色金融体系已经上升为国家战略。李克强总理在 2016 年和 2017 年的《政府工作报告》中都要求"大力发展绿色金融"。2016 年 8 月，经国务院同意，人民银行等七部委共同发布了《关于构建绿色金融体系的指导意见》，中国成为全球首个由政府推动并发布政策明确支持绿色金融体系建设的国家。2016 年，中国还作为 G20 主席国，首次将绿色金融纳入峰会议题并写入峰会公报。在中国的大力推动下，G20 设立了绿色金融研究小组，在 G20 政策框架下推动绿色金融领域的国际交流与合作。

但值得注意的是，绿色金融自身的发展和所服务的对象均具有鲜明的特性，譬如绿色项目具有显著的正外部性，绿色项目通常投资规模偏大、周期较长，资金供求面临很强的期限错配矛盾，绿色项目的界定及资金使用存在明显的信息不对称，金融机构和其他投资机构对绿色项目的评价能力、管理介入能力、环境风险分析能力、风险资产处置能力等存在明显的不足或缺失，这使得绿色金融业务发展面临巨大的挑战。而单纯依靠中央政府推动，往往难以充分引导和撬动巨额社会资金真正参与到绿色项目和绿色投资中，进而无法有效弥补巨大的绿色发展资金缺口。这就需要在不断完善上层制度设计和相关基础设施的同时，积极发挥好地方政府、金融机构、企业和其他市场主体的积极性，共同实现发展合力。

在此背景下，在部分条件较好的地区率先开展绿色金融改革创新

---

① 马骏等．中国绿色金融发展与案例研究［M］．北京：中国金融出版社，2016。

试点，立足本地、突出重点，探索绿色金融体制机制的创新，加大金融对改善生态环境、资源节约高效利用等的支持，解决突出的生态环境问题，对调结构、转方式、促进生态文明建设具有重要意义，也可以为中国经济发展的绿色转型提供可复制、可推广的经验借鉴。

基于上述认识，人民银行通过开展区域金融改革，推动绿色金融的发展。2017 年 6 月 14 日，国务院第 176 次常务会议决定，在浙江、广东、新疆、贵州、江西五省（区）选择部分地方，建设各有侧重、各具特色的绿色金融改革创新试验区。2017 年 6 月 26 日，人民银行等七部委联合发布浙江、广东、新疆、贵州、江西五省（区）建设绿色金融改革创新试验区总体方案，旨在初步构建各具地方特色、服务绿色产业、组织体系完备、产品服务丰富、政策协调顺畅、基础设施完善、稳健安全运行的绿色金融体系，在优化产业结构、改善生态环境、促进地方生态文明建设和经济社会发展方面发挥显著作用，探索形成服务实体有力、路径特色鲜明的绿色金融发展的可复制、可推广经验。

（三）区域金融改革推动普惠金融发展

现代金融发展还有一个重要趋势是普惠金融。坚持市场化取向，追求盈利目标与配置效率，是现代市场经济的内在要求，也是金融自产生以来的本质特征。改革开放以来，中国基本完成从计划经济向市场经济转型，有力地支持了改革开放和经济快速发展。但传统金融过分追求效率的天性，以及传统的体制性、结构性障碍，不可避免地产生了诸多矛盾和问题：一是金融资源过分向强势产业、强势行业、强势领域、强势客户集中，导致行业之间、地区之间、阶层之间以及社会领域分化严重，"三农"、小微企业，尤其是弱势产业、弱势人群的金融供给仍比较薄弱，金融普惠性问题仍较为突出。二是随着城乡居民收入水平的快速提升，社会也出现了因各种各样原因而形成的贫困地区、贫困人口。如何在中国经济社会发展过程中趋利避害，使金融在中国全面建设小康社会过程中发挥作用，显得至关重要。

在上述背景下，普惠金融的发展越来越受到关注。按照国际定义并结合中国国情，可以将普惠金融定义为：以可负担的成本，有效、全方位地为所有社会成员，特别是城乡中低收入群体、小微企业、偏远地区居民提供适合有效的金融服务。其本质是金融服务的公平性，即所有金融服务的需求者，无论贫富，都能获得价格合理、便捷安全的金融服务。从其定义不难发现，发展普惠金融既是中国全面建成小康社会的必然要求，也是助推经济发展方式转型升级、促进金融业可持续均衡发展、增进社会公平和社会和谐的现实需要。在普惠金融发展中，贫困地区、贫困群体始终是重点关注的对象。在扶贫攻坚的新阶段，通过发展普惠金融，积极改善和提升金融服务水平，构建能够满足贫困群众金融需求、推动贫困地区经济社会发展的金融服务体系，增强贫困群众和贫困地区对金融服务的获得感，是对党中央、国务院关于优先发展贫困地区普惠金融任务和要求的有力落实，也是金融精准扶贫的重要举措。

党中央、国务院高度重视普惠金融发展。中国倡导发展普惠金融可以追溯到 2012 年，时任国家主席胡锦涛同志在 G20 洛斯卡沃斯峰会上提出中国发展普惠金融的倡议。2013 年 11 月 12 日，党的十八届三中全会正式将发展普惠金融作为全面深化改革的重要内容，2015 年国务院发布《推进普惠金融发展规划（2016—2020 年）》，明确了中国建设普惠金融体系的指导思想、基本原则和总体目标，中国普惠金融的发展进入新阶段。2016 年 G20 杭州峰会期间，在数字技术快速发展并带动中国普惠金融服务明显改善的背景下，中国又推动出台了《G20 数字普惠金融高级原则》。这是 2005 年联合国提出普惠金融理念以来，国际社会就利用数字技术促进普惠金融推出的第一份高级别指引性文件，填补了这一领域的重要空白，有力推动了普惠金融的国际实践。

当前，中国普惠金融的发展仍面临着一些问题和挑战，主要是普惠金融体系不健全、普惠金融服务不均衡、金融基础设施有待加强、商业可持续性有待提升。破解普惠金融发展中的难题和体制机制障碍，最根本的是要牢固树立和贯彻落实新发展理念，深化供给侧结构性改革，充分发挥市场在金融资源配置中的决定性作用，强化政府引导，加快建立健全普惠金融服务和保障体系，让金融改革发展成果惠及更多人民群众。其中，开展普惠金融改革区域试点，积极探索，先行先试，总结可复制、可推广经验，是其中至为重要的一环。

基于上述认识，人民银行通过开展区域金融改革，推动普惠金融的发展。鉴于中国地域广大，经济、社会和金融服务差异巨大，发展普惠金融同样采取了先小范围试点、成熟后再在全国推广铺开的发展战略。迄今为止，人民银行已牵头在浙江省宁波市、青海省、陕西省宜君县以及河南省兰考县开展普惠金融试点。目前，这些试点正在不同程度地得到有效推进，在信用体系建设、支付便利化、创新政策支持方式、鼓励差异化竞争等方面均取得了有效进展。

四、区域金融改革探索化解中国金融发展难题

在中国经济金融发展的过程中，由于中国地区差异性大、区域间发展不平衡等特殊国情的存在，不可避免地存在着农村金融、民间金融等一些薄弱环节和发展难题。区域金融改革立足中国国情需要，积极构建与经济社会发展相匹配的多元化金融体系，有力推动了中国农村金融发展和民间金融的阳光化、规范化，对弥补中国金融体系薄弱环节、探索化解金融发展难题起到了重要作用。

（一）区域金融改革推动农村金融发展

长期以来，中国的"三农"问题较为突出，农村金融一直是中国金融体系的薄弱环节。由于农村金融的服务对象是弱势群体、弱质产业和欠发达地区，中国农村金融的发展和改革严重滞后于城市。农村金融

工作在加快推进农村金融基础设施建设、扩大服务覆盖面、提升农村金融产品和服务的可得性和便捷性、让农户以更公平的价格享受更多样化的金融服务、逐步加强农村金融消费者教育和保护等诸多领域都存在着很多的问题和不足，农村金融发展任重道远。

农民群体和农业企业在发展生产过程中获得的金融支持相对较少，这既有金融发展的自身规律性因素，也有农业产业和农村经济发展的特征局限影响。农村金融问题的本质可以从金融服务的供给和需求两端概括为三对矛盾：第一对矛盾是广大农村居民不断上升的金融服务需求与较低的价格承受能力和风险承受能力之间的矛盾，第二对矛盾是金融机构较高的成本投入与较低的投资回报之间的矛盾，第三对矛盾是相对滞后的农村金融基础设施与不断升级的金融服务之间的矛盾。

中国政府高度重视发展农村金融体系，培育农村金融市场，满足农村居民、县域经济体在经济发展过程中的金融服务需求。中央经济工作会议、中央农村工作会议、中央扶贫工作会议等重大会议以及国家"十三五"规划都对"三农"工作和农村金融改革发展进行了顶层设计和安排部署。按照党中央、国务院的决策部署，人民银行不断深化农村金融改革，完善机构和组织体系，提升农村金融服务水平，制定出台相关政策，积极运用货币政策工具，加强窗口指导，引导金融机构将信贷资源向"三农"等薄弱环节倾斜。

随着中国农村市场经济的深化发展，部分地区深化农村金融改革的愿望也十分强烈。中国农村地区差异大，农村金融涉及面广，通过选择合适地区开展农村金融改革试点，引导地方政府加大推动农村金融科学发展力度，综合协调金融部门和市场主体，共同探索农村金融多层次发展的内容和形式，建立低成本、广覆盖、可持续、风险可控、适度竞争的现代农村金融体系，具有重要意义。

基于上述认识，人民银行牵头在部分地区开展农村金融改革，结合农村地区的经济产业特点，探索农村金融产品和服务方式创新，通过强化信用、支付等金融基础设施、优化政策支持公共服务供给和鼓励金融创新，促进试点地区农村金融服务水平的提高，增强发展动力和能力，同时也为全国农村金融改革创新探索可推广、可复制的经验。在试点过程中，人民银行、相关金融监管部门和地方政府根据各地区不同的禀赋、经济金融发展水平、改革诉求以及难点，分类施策，精心组织，通过建机制、扩机构、推配套、打基础、促创新、调结构等多种举措，不少试点地区初步实现了涉农信贷"量增价减"，农村金融服务明显改善。

（二）区域金融改革推动民间金融阳光化、规范化发展

民间金融也是中国金融发展中所遇到的重要问题。民间金融这一概念是相对于正规金融而言的，泛指在国家依法批准设立的金融机构以外的自然人、法人及其他组织等经济主体之间的资金融通活动，通常未被纳入金融业监管框架中。民间金融自古有之，存在形式多样，在中国长期存在，它的存在往往具有一定的时代特征，与特定时期的社会经济发展水平相适应，同时也具有特定的地域文化色彩及较为鲜明的区域经济发展特点。

民间金融的存在与发展有其合理性和必然性，它是社会经济发展到一定阶段、企业和个人财富逐步积累、产业资本向金融资本转化、正规金融不能有效满足社会需求时的必然产物，是对正规金融的有效补充，也对缓解中小企业和农村地区的融资困境、支持地方经济发展起到了一定的积极作用。进入新世纪以来，顺应经济发展阶段及相应的技术条件，中国民间金融又逐步演化出一些创新形式。

民间金融在满足民营中小企业金融服务方面有独特优势。一是民间金融与民营企业在产权形式上相对应，不存在体制偏好或体制歧视，因此，能弥补国有金融体系对民营企业资金支持的不足。二是民间金融与民营企业在生产力方面处于同一经济层面，其经营目标和经营方式

也很相近，在组织、技术、效率、服务等方面能相互适应和促进。如民间金融机制灵活，能较好地满足民营中小企业小额的、短期的、随机的资金需求。另外，民间金融机构采取市场化导向，针对不同的客户需求调整自身服务，简化授信程序，降低交易成本，提高贷款收益。

但不容忽视的是，由于其存在分散性、隐蔽性和趋利性特点，民间金融活动往往潜藏一些风险和问题，可能会对区域经济运行造成负面冲击，带来一定不稳定影响。特别是在民间金融市场监管缺失的情况下，可能导致大量民间资本流入短期垫资等投机领域，各类融资中介违规经营，出现"以钱炒钱"、发放高利贷等现象，使民间金融失去了原有的资金互助功能。

例如，在 2011 年温州发生的民间金融风波中，出现了民营企业主"跑路"的情况，因资金链断裂而"跑路"的温州企业家越来越多引起了一些连锁性反应，银行和放高利贷者开始担忧资金安全而开始索回借款。之后集中爆发多家中型甚至较大规模企业的倒闭事件，全国媒体一时出现了大量的相关报道。温州地方政府连续出台维护经济金融秩序的措施，希望缓和市场恐慌情绪，但效果甚微。

因此，民间金融的阳光化、规范化至关重要。在部分民间资本较多、民间金融发达地区先行先试探索引导民间资本阳光化、规范化运作的体制机制，引导民间资本进入实体经济领域、支持中小企业融资发展，对于完善中国金融体系、防范区域性金融风险具有重要的意义。

基于上述认识，人民银行通过开展区域金融改革，推动民间金融的阳光化、规范化发展。2012 年 7 月，人民银行等九部委联合印发《浙江省温州市金融综合改革试验区总体方案》，提出规范发展民间融资、加快发展新型金融组织等十二项主要任务，旨在通过体制机制创新，构建与经济社会发展相匹配的多元化金融体系，使金融服务明显改进，防范和化解金融风险的能力明显增强，金融环境明显优化，为全国金融改革提供经验。

第二节 区域金融改革试点概览

为配合"自上而下"的全局性金融改革不断推进，加快探索全面深化改革的新模式和新途径，人民银行在党中央、国务院的统一部署下，根据金融运行客观规律和区域经济特征，联合相关部门选择中国若干具备条件的地区有针对性地开展了具有专项性质的区域金融改革试点。这些"自下而上"的区域金融改革涉及 20 个省（区、市）的 27 项专题改革，布局范围涵盖东部沿海发达地区、中部工业化转型地区、西部欠发达地区、民族和边疆地区，内容涉及自贸区金融开放创新、绿色金融、科技金融、财富管理、小微金融、民间金融、跨境金融、农村金融和普惠金融等。总体来看，区域金融改革促进了中国多元化组织体系和多层次市场体系不断完善，创新能力不断增强，金融生态环境不断优化，风险防范能力不断增强，金融服务实体经济的能力显著提升。

从试点内容看，现有的区域金融改革试点大致可分为五类：

一是自贸区金融开放创新试点。包括第一批的上海自贸区金融开放创新，第二批的天津、广东和福建自贸区金融开放创新，以及第三批的辽宁、浙江、河南、湖北、重庆、四川、陕西自贸区金融开放创新。以运行时间较长的上海、天津、广东和福建为例，四地自贸区坚持以服务实体经济、促进贸易和投资便利化为出发点，以制度创新为核心，坚持开放创新、先行先试，积极探索投融资汇兑便利，着力推进人民币跨境使用，深化外汇管理改革，扩大金融业开放和建设面向国际的金融市场，大力促进自贸区金融制度创新，为全面深化改革和扩大开放探索新途径、积累新经验。目前，自贸区的一批创新性金融制度落地，在跨境人民币业务、资本项目可兑换、创新外汇管理、国际交易平台、金融简政放权等方面先行先试，有力地促进了实体经济发展和贸易投资便利化，并形成了若干可复制推广的有益经验和做法。

二是农村金融改革与普惠金融、金融扶贫。涉及黑龙江"两大平原"、吉林、四川成都、浙江丽水的农村金融改革，以及陕西宜君县和青海的农村普惠金融改革等。其中，黑龙江"两大平原"旨在通过实施农村金融改革，建立"机构完备、结构优化、适度竞争、创新高效"的现代农村金融组织体系。吉林农村金融综合改革试验区旨在探索形成操作性强、复制性广的普惠型农村金融发展之路。四川成都旨在建立较为完备的农村金融服务体制机制，形成推动新型城镇化和农业现代化发展的金融支撑体系，基本实现城乡金融服务均等化。浙江丽水旨在破解城乡金融"二元化"困境，填补农村金融服务空白，丰富农村金融服务。陕西宜君县旨在推动金融扶贫和精准扶贫，激发农村金融市场活力，为广大中西部地区发展普惠金融、建成全面小康社会探索实现路径。青海旨在推进金融扶贫与普惠金融发展，为西部民族地区发展普惠金融作重要探索。

三是民间金融与小微金融改革。主要包括浙江温州的民间金融改革和台州的小微企业金融服务，以及福建泉州的金融服务实体经济改革。其中，浙江温州以规范引导民间金融、改进中小企业金融服务为核心，推动金融综合改革。福建泉州以金融服务实体经济为主线，立足打通金融资本进入实体经济和民间资本进入金融领域的"两个通道"，重点改善小微企业金融服务。浙江台州以创新小微企业金融服务的可持续、可复制商业模式为主线，积极探索化解小微企业融资难、融资贵问题的有效途径。

四是绿色金融改革创新试验。涉及浙江、广东、新疆、贵州、江西五省（区）的绿色金融改革创新试验。五省（区）的绿色金融改革试点既内涵统一，又各具特色、各有侧重，以金融创新推动绿色产业发展为主线，以制度创新为重点，充分发挥市场配置资源的决定性作用，加大金融对改善生态环境、资源节约高效利用的支持，在制度、组织、市场、产品、服务、政策保障等方面进行试点，以更好地探索绿色金融发展模式，更好地发挥绿色金融助推中国经济绿色转型的积极作用。

五是区域特色金融改革与创新。涉及珠三角粤港澳金融合作、浙江义乌贸易金融、湖南"长、株、潭"城市群金融支持"两型"社会建设、广州南沙新区金融改革、云南和广西沿边金融综合改革、山东青岛财富管理和湖北武汉城市圈科技金融创新。其中，珠三角和广州南沙新区以金融对外开放和深化粤港澳金融合作为重点推动金融改革创新。浙江义乌围绕构建与市场采购贸易方式相适应的金融服务体系，探索贸易融资专项改革。湖南"长、株、潭"城市群以金融支持"两型"社会建设为重点，探索建立相应的金融支撑体系。云南和广西以跨境人民币业务创新为主线建设沿边金融综合改革试验区。山东青岛以财富管理金融综合改革为核心，探索构建具有中国特色的财富管理体系。湖北武汉城市圈以构建服务科技企业全生命周期的投融资渠道为核心，创新科技金融发展模式。

实践表明，各地区域金融改革坚持服务实体经济的根本要求，因地制宜，积极稳妥地推进改革创新，积累了大量可复制、可推广的经验和做法，为全局性金融改革提供了有益的借鉴，成效显著。一是自贸区金融改革牢牢把握制度创新这一核心任务，积极探索金融开放创新新途径，积累新经验。二是农村金融改革和普惠金融试点启动以来，结合地方经济社会特征大力推进建章立制、探索创新等多种措施，改革试点取得了较为明显的成效。三是民间金融和小微金融改革以问题为导向，因地制宜，合理引导民间融资阳光化、规范化发展，有效化解小微企业融资难、融资贵等问题。四是区域特色金融改革立足实际，契合区域产业经济特征，以服务实体经济为导向，有针对性地开展专项金融改革，为全局性金融改革提供了大量有益的经验借鉴。

总的来看，这些区域金融改革在空间布局上覆盖了东部、中部、西部地区，包括了东部沿海发达地区、中部工业化转型地区、西部欠发达地区、民族和边疆地区，内容涉及金融对外开放、人民币资本项目可兑换、绿色金融改革、农村金融和普惠金融、科技金融、民间金融和跨境金融合作等项目，体现了区域金融改革特色定位、各有侧重的特点，也体现了改革所必须具有的层次性、阶段性和持续性。通过区域金融改革实践，中国部分地区的多元化金融组织体系和多层次金融市场体系不断完善，金融创新能力不断增强，金融秩序不断规范，金融生态环境不断优化，风险防范能力较快提高，初步建立与地区经济发展相适应的金融体制和运行机制，金融服务实体经济的能力显著提升，并为中国全局性金融改革提供了丰富的实践经验。

第三章
自贸区金融开放创新试点

第一节　自贸区建设的背景和意义

一、国际背景

　　近年来，世界经济潜在增长率下行、金融市场脆弱性加大，英国脱欧，民族主义、民粹主义、右翼势力在欧美政坛的影响力不断上升，贸易保护主义兴起、逆全球化思潮上扬。面对复杂多变的国际形势，党中央、国务院坚定不移地大力推进自贸区建设，根本上是因为经济全球化和再平衡的整体趋势不可逆，这是我国坚持对外开放政策和自由贸易政策的重要基础。

　　方兴未艾的信息技术革命势必打破国家和地区有形或无形的限制，不断推动全球化继续向前发展。从国际趋势看，新一代全球贸易投资规则正在加速酝酿并形成，TPP（跨太平洋伙伴关系协议）、TTIP（跨大西洋贸易和投资协议）等贸易谈判不断发起，新一代高规格全球贸易和服务规则不断形成。其主要特点包括：推行更高标准的贸易自由化；积极推进投资自由化；更加强调服务贸易自由化，更加强调公平竞争和权益保护。经济发展与国际贸易形势的演变密切相关，中国作为世界第二大经济体、世界贸易大国，不仅需要顺应潮流进一步推进改革开放，而且必须积极参与到新一轮国际贸易投资新规则的制定中，掌握主动权，主导话语权。

推进自贸区建设，正是实现我国战略目标的重要载体和手段。通过自贸区建设，先行试验国际经贸新规则、新标准，积累新形势下参与多边、双边、区域合作的经验，进而为我国参与国际经贸规则制定提供有力支撑。正如习近平总书记所指出的，"加快实施自由贸易区战略，是我国积极参与国际经贸规则制定、争取全球经济治理制度性权力的重要平台"。

二、国内背景

在人民币国际化的大背景下推动自贸区金融开放创新。人民币国际化是中国金融改革开放领域坚定不移的发展目标。《中共中央关于制定国民经济和社会发展第十三个五年规划的建议》提出，有序实现人民币资本项目可兑换。2008 年全球金融危机为人民币国际化提供了历史机遇。危机后，全球经济遭受重创，国际金融市场融资功能中断，金融体系出现了严重的流动性困难，一些贸易和投资伙伴国和地区希望获得流动性支持。在此背景下，人民银行按照党中央、国务院的决策部署，抓住有利时机，遵循"低调务实、有效推动，尊重市场、顺应需求，循序渐进、风险可控"的原则，稳步推进人民币国际化。2009 年开展跨境贸易人民币结算试点以来，人民币国际化快速发展。2015 年

10月8日，人民币跨境支付系统（CIPS）（一期）成功上线运行，专门为境内外金融机构的人民币跨境和离岸业务提供资金清算、结算服务。CIPS的上线运行标志着人民币国内支付和国际支付统筹兼顾的现代化支付体系建设取得重要进展。2016年10月1日，人民币正式加入国际货币基金组织特别提款权（SDR）篮子，体现了国际社会对人民币国际适用功能的认可，是人民币国际化的又一重要里程碑。近年来，人民币国际化发展成效显著，人民币已成为中国跨境收付的第二大币种，2016年人民币跨境收付总额占全口径收付的比例约为25%。人民币的国际使用保持稳健发展，人民币的国际地位稳步提升。

需要说明的是，2014年下半年以来，随着中国经济增速换挡，美国逐步退出量化宽松并进入加息周期，人民币出现贬值压力，资本有一些外流压力。市场主体行为发生了变化，人民币资产吸引力降低，离岸资金池缩小，发债规模降低。英国脱欧、美国大选、意大利公投等不确定事件在一定程度上放大了这一压力。客观形势的变化，使得自贸区资本项目可兑换等改革事项缺乏适宜的时间窗口，进程放缓。但是，人民币国际化战略不会变，资本项目可兑换也将稳步审慎推进，打开的大门不会关上。人民币国际化是一个中长期战略，需要保持定力，稳步实现目标，不能操之过急。改革创新中，既要尊重改革所需的现实环境、寻求适宜的时间窗口，也要深刻认识到中国经济稳定发展的态势没有变，人民币国际化的市场驱动力没有变，这是人民币国际化最重要的基础和支柱。在大的国际形势发生变化的情况下，利用自贸区这一窗口，可以在一定范围内继续推进人民币资本项目可兑换的试点，为全面实施人民币国际化战略探索积累经验。在下一步的自贸区金融开放创新中，要密切关注形势发展，以积极稳妥、把握节奏、宏观审慎、风险可控为前提，进一步提升人民币可兑换和可自由使用程度。

在完善金融监管的进程中推进自贸区金融开放创新。自贸区金融开放创新的另一个重要现实背景是，随着经济进入新常态，经济呈现下行趋势，一些企业生产经营困难较多，地区经济走势分化，前期积累的风险不断显现和爆发。同时，随着中国金融业的快速发展，跨行业、跨部门的金融产品和服务不断出现，混业经营模式逐渐形成，而现有的分业监管和机构监管体系存在协调困难、信息分割、监管空白和监管套利等问题，金融风险频发。面临这样的形势，需要将自贸区作为突破口、排头兵倒逼改革，推动金融监管协调机制改革，完善金融监管。同时，在推进自贸区金融开放创新过程中，要高度重视和切实防范金融风险，把防控金融风险放到更加重要的位置。不断探索完善监管机制，把握好改革的节奏和力度，张弛有度，行稳致远。

自贸区建设是对"自上而下"顶层设计与"自下而上"基层探索相结合的改革经验的历史借鉴。以深圳经济特区为例，深圳经济特区是中国改革开放以来建立的第一个经济特区，不到三十年时间，它从一个不起眼的小渔村发展成为中国经济的中心城市、中国改革开放的窗口、具有国际影响力的大都市，是中国经济效益最好的城市之一。这一成功实践证明，经济特区在体制改革中发挥着"试验田"的作用，在对外开放中发挥着重要的"窗口"作用，在自主创新中发挥着重要的排头兵作用，在现代化建设中发挥着示范区作用，对香港、澳门顺利回归和繁荣稳定发挥着重要促进作用。1984年，邓小平曾说"特区是个窗口，是技术的窗口、管理的窗口、知识的窗口，也是对外政策的窗口"，这是创办和发展经济特区的目的与意义的深刻揭示，是对经济特区地位和作用的精辟概括。深圳经济特区的成功经验告诉我们，经济发展需遵循从"点"到"线"再到"面"的发展路径，而经济特区是做"点"的最好形式，是当时社会变革的突破口，是中国改革开放和现代化建设的排头兵。建立经济特区成为中国利用境外资金、技术、人才和管理经验来发展本国和本地经济的重要手段，在中国工业化、城市化和现代化进程中发挥了重要作用，成为中国实施区域经济发展战略的重要形式。

自贸区建设正是新形势下对经济特区建设历史经验的借鉴。当前中国经济社会发展正处于重要转型期，改革进入攻坚区和深水区。在金融领域，监管体制改革、人民币国际化以及汇率市场化改革尚未达成。在这样的背景下，中央提出了以开放创新倒逼改革，向创新要动力，向改革要活力。自贸区建设是深入贯彻党的十八大精神，在新形势下推进改革开放、倒逼改革的重大举措，对加快政府职能转变、积极探索管理模式创新、促进贸易和投资便利化具有重要作用，有利于为全面深化改革和扩大开放探索新途径、积累新经验。2013 年 3 月，李克强总理在上海调研时指出，要用开放带动改革，鼓励支持上海积极探索、先行先试，建立自贸区，在扩大开放中拓展发展空间，用倒逼机制推动转型升级。自贸区作为党中央为推进新形势下改革开放的一项重大举措，其意义远超经济层面，它是中国主动对标国际高标准经贸投资规则的"先行先试"，有利于适应经济全球化的趋势，逐步构建与中国开放型经济发展要求相适应的新体制、新模式，释放改革红利，促进国际国内要素有序自由流动、资源高效配置、市场深度融合，加快培育参与和引领国际经济合作竞争的新优势。

三、金融在自贸区建设中的定位

自贸区建设中，金融发挥着支持和配合自贸区建设的重要作用。金融支持自贸区建设的出发点和落脚点是服务实体经济、促进贸易投融资便利化。因此，自贸区金融开放创新的核心是，坚持转变政府职能，发挥市场在资源配置中的决定性作用，取消阻碍实体经济发展的不必要管制，为贸易投资便利化提供优质的金融服务。

具体来说，主要体现在以下方面：一是简政放权，探索准入前国民待遇和负面清单的金融管理模式，推动金融市场准入的对内、对外平等开放，实现充分竞争。二是推进自贸区的金融改革创新，为企业更加低廉地获得资金，更充分地利用境内外两个市场、两种资源提供金融支持。三是边改革、边总结，为全局性金融改革、区域金融改革探索新途径、积累新经验。

第二节　上海自贸区金融开放创新实践

2013 年经国务院批准设立的上海自贸区是中国的第一个自贸区。自成立以来，上海自贸区金融开放创新取得重大进展，一批创新性金融制度落地，着力推进人民币跨境使用，稳步推进利率市场化，深化外汇管理改革，不断探索投融资汇兑便利化，扩大金融服务业的开放，建设面向国际的金融市场，建立开放经济条件下的金融安全网。上海自贸区的开放创新为全面深化改革和扩大开放探索了新途径、积累了新经验，有力地促进了实体经济发展和贸易投融资便利化。

一、上海自贸区金融开放创新政策框架

2013 年 12 月，人民银行发布《中国人民银行关于金融支持中国（上海）自由贸易试验区建设的意见》（银发〔2013〕244 号，以下简称上海自贸区"金改三十条"），内容涉及自由贸易账户体系、资本账户可兑换、利率市场化、人民币跨境使用、外汇管理体制改革、风险管理六个方面的 30 项改革措施。意见出台后，人民银行按照"成熟一项，推进一项"的原则先后在上海自贸区出台了有关支付机构跨境人民币支付业务、扩大人民币跨境使用、放开小额外币存款利率上限、外汇管理、反洗钱与反恐怖融资、自由贸易账户、境外融资等方面的多项实施细则和政策文件，分步推进相关政策落地。

2015 年 10 月，经国务院批准，人民银行会同相关部门和上海市政府联合发布《进一步推进中国（上海）自由贸易试验区金融开放创新

试点 加快上海国际金融中心建设方案》（以下简称上海自贸区"金改四十条"），紧紧围绕服务全国、面向世界的战略要求和上海国际金融中心建设的战略任务，提出加快推进人民币资本项目可兑换和人民币跨境使用、扩大金融服务业开放和建设面向国际的金融市场等任务。上海自贸区"金改四十条"在上海自贸区"金改三十条"试点的基础上，提出加快推进资本项目可兑换、人民币跨境使用、外汇管理等方面的改革。探索研究启动合格境内个人投资者境外投资试点，适时出台相关实施细则，允许符合条件的个人开展境外实业投资、不动产投资和金融类投资；探索在自贸区内开展限额内可兑换等。在扩大金融服务业对内、对外开放方面提出，对接国际高标准经贸规则，探索金融服务业对外资实行准入前国民待遇和负面清单管理模式，推动金融服务业对符合条件的民营资本和外资机构扩大开放。同时，上海自贸区"金改四十条"立足于上海集中了全国主要金融市场的优势，提出推进面向国际的金融市场平台建设，拓宽境外投资者参与境内金融市场的渠道，提升金融市场配置境内外资源的功能。

2016 年 11 月，为深化上海自贸区金融改革，加快推进上海国际金融中心建设，人民银行上海总部发布《关于进一步拓展自贸区跨境金融服务功能支持科技创新和实体经济的通知》（银总部发〔2016〕122 号），进一步拓展自由贸易账户功能，为海外高层次人才引进、跨国企业集团资金集约化管理、"一带一路"和"走出去"企业等提供各项跨境金融服务，有效发挥上海自贸区跨境金融服务在支持科技创新和实体经济中的作用。

二、上海自贸区的便利化改革

李克强总理强调，"成立上海自贸区，是为了探索处理好政府与市场的关系，探索负面清单管理模式，给市场'让'出更大的空间，也是为了探索处理好发展与开放的关系"。上海自贸区建设大力围绕简政放权，在促进贸易投融资便利化方面取得显著成效。

扩大人民币跨境使用方面。上海自贸区扩大人民币跨境使用政策包括简化自贸区经常项下和直接投资项下人民币跨境使用业务流程、推动人民币境外借款、开展跨境双向人民币资金池等创新业务。以"便利化"为原则，以促进贸易和投融资便利化为出发点，大力推动自贸区简政放权，针对跨境人民币业务不断健全事中、事后监管模式，改审批制为备案制，极大地便利了市场主体，通过进一步扩大人民币跨境使用，使区内企业和个人更加灵活地使用本币进行跨境交易，降低了汇兑成本，减少了汇率风险。截至2016年7月末，上海自贸区累计发生人民币境外借款287亿元，384家企业累计开展跨境人民币双向资金池业务的收支总额达6 845亿元，经常项下人民币集中收付业务的收支总额达168.06亿元，跨境电子商务人民币结算额达27.62亿元，区内跨境人民币结算总额达2.14万亿元，区内结算量占同期全市的比例为28%。

外汇管理体制改革方面。外汇局按照"区内优于区外"的政策导向，深化"放管服"改革，大力简政放权，放宽对外债权债务管理，直接投资项下外汇登记及变更登记下放银行办理；实行外商投资企业外汇资本金意愿结汇；取消对外担保事前审批和向境外支付担保费行政审批；取消境外融资租赁债权审批；改进跨国公司总部外汇资金集中运营管理、外币资金池及国际贸易结算中心外汇管理试点政策；完善结售汇管理，便利银行开展面向区内客户的大宗商品衍生品柜台交易等。

通过一系列简政放权举措，上海自贸区的企业能够更好地利用境内外两种资源、两个市场，便利了跨境投融资。改革前，某区内企业办理直接投资外汇登记业务需携带大量材料往返于外汇局和银行，时间成本和人力成本较高。改革后，企业可就近享受银行的"一站式"服务，在为企业带来实质性便利的同时也有效降低了企业财务成本，提高了资金结算效率。市场主体便利度显著提高，改革获得感明显提升。

三、上海自贸区的体制机制创新

上海自贸区金融开放创新始终以体制机制创新为核心，通过一系列体制机制创新，极大地提升了对市场的应变能力，促进了内生发展动力。

（一）探索建立自由贸易账户体系，提供本外币一体化的自由贸易账户金融服务

2014 年 5 月 21 日，人民银行上海总部印发《中国（上海）自由贸易试验区分账核算业务实施细则（试行）》和《中国（上海）自由贸易试验区分账核算业务风险审慎管理细则（试行）》，正式启动自由贸易账户服务。为控制风险，自由贸易账户服务从本币起步，条件成熟后扩展到外币。2015 年 4 月 22 日，人民银行上海总部印发《关于启动自由贸易账户外币服务功能的通知》，正式启动了自由贸易账户外币服务功能。2015 年 8 月 7 日，人民银行上海总部印发《关于上海市金融机构开展自由贸易账户金融服务有关问题的通知》，通过间接参与等模式解决未建设自由贸易账户系统的金融机构利用自由贸易账户开展金融服务的问题，进一步扩大金融机构覆盖面和便利程度。

自由贸易账户体系的建立，较好地服务了实体经济跨境经贸投资活动的开展，为金融开放条件下的涉外风险防控搭建了基础框架。截至2016 年末，已有 51 家上海市金融机构提供自由贸易账户相关金融服务。其中，中外资银行 42 家，财务公司 4 家，证券公司 2 家，市场基础设施机构 3 家。截至 2017 年 1 月，各类主体共开立 64 502 个自由贸易账户，账户余额达 2 035 亿元。自由贸易账户累计办理跨境结算折合人民币 11 万亿元，企业通过自由贸易账户获得的本外币融资总额折合

人民币 8 543 亿元。

目前，自由贸易账户系统已实现了"惠实体"、"促改革"和"防风险"三大主要功能。在"惠实体"方面，自由贸易账户为实体经济发展提供的金融服务，有效降低了企业融资成本，提高了资金结算效率，节约了账户管理成本，企业获得了实实在在的好处。在"促改革"方面，自由贸易账户搭建的"电子围网"，为自贸区率先推进金融重点领域的改革营造了风险可控的环境，使资本项目可兑换等改革能在自贸区率先开展落地试点。在"防风险"方面，通过分账核算管理，全方位构建了在上海率先开展可兑换试点的金融安全网，有效防范了金融开放过程中跨境资金流动对境内市场的冲击风险，支持了自贸区相关金融及要素市场的对外开放。自由贸易账户改革以来，系统的风险管理功能经受住了考验，上海自贸区没有发生一单风险事件，没有成为热钱流入套利的管道；跨境资金平稳有序，也没有因股市和汇率的波动而出现异常流动。

（二）建立和完善全口径跨境融资宏观审慎管理政策框架，开展"金融审慎例外"的负面清单跨境金融服务监管

2015 年 2 月 12 日，人民银行上海总部发布《中国（上海）自贸区分账核算业务境外融资与跨境资金流动宏观审慎管理实施细则》，建立宏观审慎的本外币一体化境外融资制度。宏观审慎管理政策制度是以资本约束机制为核心的境外融资宏观审慎管理制度，将跨境资金流动的宏观管理阀门嵌入到融资主体的日常资金活动中，通过设置币种转换因子、期限转换因子等现代管理手段引导外债的币种结构和期限结构。通过调整宏观审慎调节参数、融资杠杆率、风险转换因子等，可以在宏观上实现对跨境资金流动的规模和结构进行审慎管理与调控，在宏观审慎的本外币一体化境外融资制度下，扩大经济主体境外融资的渠道和规模。

（三）面向国际的金融交易平台建设取得积极进展

人民银行积极支持上海期货交易所、上海黄金交易所、中国外汇交易中心等依托自由贸易账户对外开放，建立面向国际的交易平台，推进金融市场开放。目前，中国外汇交易中心的"国际金融资产交易中心"已正式上线运行。2014 年 9 月 18 日，上海黄金交易所的黄金"国际板"正式运行。截至 2016 年 7 月末，"国际板"共成交黄金的重量为 1 652.34 吨，成交总金额为 4 371.74 亿元。上海清算所推出了自贸区铜溢价和乙二醇进口掉期中央对手清算业务，该业务成为全球首个溢价指数类金融衍生品中央对手清算业务。

四、上海自贸区金融风险防范的良好实践

党中央、国务院要求，自贸区建设风险可控是底线，不发生系统性风险是不可逾越的原则。人民银行推进自贸区金融开放创新始终牢牢把握防控风险底线，将防控风险作为金融改革的前提，创新有利于风险管理的账户体系，建立完善开放经济条件下的金融安全网。在上海自贸区金融开放创新过程中，以自由贸易账户为基础，构建了全覆盖的金融风险监测与管理体系，加强事中、事后监管能力建设，守住了不发生系统性金融风险的底线。

（一）构建自由贸易账户系统，以此为基础形成有力的风险管理和事中、事后监管体制

该系统具有如下特点：第一，管理和信息监测融为一体，将宏观审慎管理功能内嵌进系统。第二，本外币合一，适应资本账户开放要求简化账户的新形势。第三，在数据收集方面，能实现对跨境资金流动的逐笔、7×24 小时实时监测。第四，具有区域性电子围网功能，同时也对

金融机构提供电子围网式的服务（分账核算业务）。目前，自由贸易账户系统已经与现行外汇系统等实现信息共享，与上海黄金交易所国际板和上海清算所等市场基础设施实现对接，从而能对本外币跨境资金流动进行实时监测和事中、事后管理。

通过该系统，上海自贸区所有进出和停留在自由贸易账户中的资金及资金活动背后的业务信息都能通过监测管理信息系统进行采集和汇总，有效涵盖跨境资金交易主体、交易账户、交易资金、交易业务及交易价格等多个维度，并通过系统功能的不断拓展和完善，实现了对上海市金融机构的全覆盖（直接接入与间接参与方式）。依托自由贸易账户系统，构建了"一线审慎监管、二线有限渗透"的电子围网式的事中、事后管理环境。自由贸易账户系统能提供包括跨境融资、跨境并购、跨境理财、跨境债券等在内的经常项下和资本项下的本外币一体化的金融服务。三年的运行实践证明，这个系统的风险管理功能经受住了考验。

（二）建立一套以资本约束机制为核心的境外融资宏观审慎管理制度

上海自贸区建立了一套以资本约束机制为核心的境外融资宏观审慎管理制度，将跨境资金流动的宏观管理阀门嵌入到融资主体的日常资金活动中，通过设置币种转换因子、期限转换因子等现代管理手段引导外债的币种结构和期限结构。通过调整宏观审慎调节参数、融资杠杆率、风险转换因子等，可以在宏观上实现对跨境资金流动的规模和结构进行审慎管理与调控。通过建立对外债规模、币种错配、短期资本流入等的宏观审慎管理框架，防止短期大规模热钱流入。对境外融资规模、币种和期限建立相应的风险管理规则，市场主体按照这些规则可以计算出自己能自主从境外融资的数量和结构，有效避免外债的膨胀和币种错配，防范出现外债危机。

（三）建立"有管理的"资本项目可兑换的制度安排

在上海自贸区推进的资本项目可兑换不是完全的、自由的可兑换，而是有管理的可兑换。主要是对有实体经济需求的部分实现可兑换，如跨境融资、放松贸易投资的汇兑管制等；即使对于要实施可兑换的资本项目，也不搞放任自流，而是继续实施必要的宏观审慎管理。在这种理念和制定安排下，跨境资金流动的风险是可控的。

（四）建立资金异常流入和资金大规模外流的总量调控机制和应急管理工具，确保金融安全

在跨境资金流动总量控制上，建立总闸门调控机制应对外部冲击风险，设置不同等级预警指标体系以及相应的应对措施。当自贸区资金异常流入和资金外流的总量规模触动闸门后，自动触发风险预警，监管机构可根据预警级别调整相应的宏观审慎政策参数，甚至采取临时应急管制措施，确保币值稳定和国家金融安全。

（五）建立"反洗钱、反恐怖融资、反逃税"的机制

上海自贸区制定了以风险导向的拒绝客户机制、创新业务洗钱风险评估、跨境业务审查和名单监控为核心的自贸区"反洗钱、反恐怖融资、反逃税"制度，建立了自贸区"反洗钱、反恐怖融资、反逃税"资金监测系统和可疑交易报告机制，系统对接海关、税务等部门的信息，充分运用大数据，重点监测涉及洗钱的高风险行业、高风险产品和过度利用避税天堂的异常跨境交易等。

（六）探索建设"长臂管理"能力

目前，自由贸易账户监测管理信息系统已经具有一定的"长臂管理"能力，在资金流出境外后，能对中国企业和个人的境外资金活动

进行跟踪。

（七）建立适应可兑换的国际收支统计与监测框架

上海自贸区不断健全跨境资金流入和流出的全口径核查监测体系，通过多种手段提高可兑换条件下的风险监测、分析和管理水平。对接最新国际标准，把金融机构的对外金融资产负债及交易纳入国际收支统计范围，满足资本项目可兑换后的所有涉外交易类型的统计需要。建立全口径的统计体系，涵盖中国居民与非中国居民间的一切经济交易以及中国居民对外金融资产负债状况、所有本外币资金跨境流动。

（八）发挥跨境资金监管合力，建立本外币一体化监管模式

人民银行上海总部探索建立了本外币一体化的监管模式，成立由外汇管理和跨境人民币业务部门组成的本外币一体化监管工作小组，在政策制定、数据共享、风险管理等方面统一布置，统筹本外币管理系统和本外币业务监管。总体来看，尽管近年来部分金融市场出现了一些震荡和风险，但上海自贸区的风险管理体系经受住了考验。

综上所述，上海自贸区依托自由贸易账户系统，建立"反洗钱、反恐怖融资、反逃税"资金监测系统，构建有效的日常风险管理机制，形成金融扩大开放后的事中、事后管理制度。此外，针对跨境金融活动，上海自贸区专门建立了跨境金融综合监测室，将金融风险管理与企业年报公示和经营异常名录制度相联系，规定开展境外融资业务应当进行年报公示，经营异常名录内的企业审慎办理境外融资，开立自由贸易账户引入工商登记注册动态信息。以自由贸易账户为基础，利用大数据技术，建立跨部门的跨境资金监测分析与应急协调机制，综合运用自贸区信用平台和各金融监管部门的信息，对境外资金进出上海各金融市场进行实时的监测，共同应对跨境资金流动的风险。探索实施金融综合监管，成立了自贸区金融工作协调推进小组，建立综合监管联席会议

制度，努力探索形成以市场全覆盖为目标、以信息互联共享为基础、以监管合作为保障、以综合监管联席会为平台、以业界自律共治为补充的金融综合监管新方案。推进事中、事后监管制度创新，完善跨部门协作机制，加强对跨行业、跨市场等复杂金融活动的监测。实践证明，在境内外经济金融环境波动加大的情况下，上海金融体系和跨境资金流动没有发生重大异常情况，为进一步推进金融开放创新打下了坚实基础。

五、上海自贸区金融开放创新经验的复制推广

作为全国新一轮改革开放的试验田，形成可复制、可推广的经验是自贸区的重要使命。人民银行在上海自贸区金融开放创新实践中，高度重视探索新途径、积累新经验。目前已有一批创新制度在全国复制推广，为全面深化金融改革提供了有益探索。2016年1月，人民银行将对外资征信机构管理实施国民待遇在全国范围推广。2016年4月，在总结前期试点的基础上，将全口径跨境融资宏观审慎管理政策推广至全国范围。

此外，简化经常项下和直接投资项下人民币结算流程，以及开展个人跨境人民币结算业务、跨境人民币资金集中运营、经常项下人民币集中收付、跨境电子商务人民币结算业务、放开小额外币存款利率上限等多项制度也已在全国复制推广。取消境外融资租赁债权审批、取消对外担保行政审批、取消向境外支付担保费的审批、采取外商投资企业外汇资金意愿结汇、银行办理大宗商品衍生品柜台交易涉及的结售汇业务、直接投资项下外汇登记及变更登记下放银行办理、实行跨国公司外汇资金集中运营管理七项便利化措施也在全国复制推广，为全面深化改革探索了新途径、积累了新经验。

第三节 其他自贸区金融开放创新概况

一、天津、福建、广东三地自贸区金融开放创新情况

2014 年 12 月，国务院批准天津、福建、广东三地设立自贸区。2015 年 12 月，人民银行出台了金融支持天津、福建、广东自贸区建设的指导意见。三地自贸区金融改革创新工作进展有序。简化经常项下跨境人民币业务流程，以及开展跨国公司跨境双向人民币资金池业务、外债比例自律管理试点、全口径跨境融资宏观审慎管理试点、外汇资本金意愿结汇等多项贸易与投资便利化措施先后落地。金融制度创新加快推进，市场集聚效应初步显现，贸易与投融资愈加便利。金融对京津冀协同发展的支持力度进一步显现，两岸金融合作持续深化，粤港澳区域金融合作与协调发展取得实效。同时，三地自贸区的金融改革充分吸收了上海自贸区可复制、可推广的经验，在把握相同政策力度一致、同一创新区域一致的基础上，结合三地区域特征和现有金融产业特点等因素，因地制宜，各显特色。天津自贸区结合京津冀协同发展战略，支持金融机构为自贸区内主体提供支付结算、异地存储、信用担保等同城化综合服务，积极促进租赁业发展；福建自贸区突出两岸金融合作，重点完善金融同业合作机制；广东自贸区立足深化粤港澳金融合作，推动自贸区与港澳地区金融市场对接。

天津、广东、福建自贸区挂牌以来，人民银行加快推动金融改革创新，做好金融支持自贸区建设的相关工作，指导人民银行当地分行加强与地方政府及相关部门的沟通与对接，及时跟踪反馈自贸区建设相关进展情况，做好风险防控工作，三地自贸区金融改革创新有序推进，各

项金融创新业务稳步开展。

（一）天津自贸区

金融改革创新实施细则陆续发布。2015 年 12 月 9 日，人民银行发布《中国人民银行关于金融支持中国（天津）自由贸易试验区建设的指导意见》。2015 年 12 月 18 日，国家外汇管理局天津市分局发布《推进中国（天津）自由贸易试验区外汇管理改革试点实施细则》，天津自贸区金融改革创新迈出关键步伐，其他金融改革创新实施细则也正在加紧研究制定过程中。

跨境人民币业务稳步推进。扩大人民币跨境使用政策在自贸区内开展良好，包括简化自贸区经常项下和直接投资项下人民币跨境使用业务流程、建立跨境双向人民币资金池、为机构办理人民币资金归集等创新业务。

外汇管理改革取得积极进展。继续简化货物贸易和直接投资手续。自贸区内 A 类企业货物贸易收入无须开立待核查账户。此政策进一步加大了简政放权力度，简化了银企业务办理流程，有效提高了企业资金运转效率，提升了贸易便利化程度。

外商投资企业外汇资本金实现意愿结汇。创新政策实施前，外商投资企业外汇资本金实行支付结汇制，实施后外商投资企业外汇资本金可以选择意愿结汇，注册在自贸区内的主体可按意愿结汇使用外汇资本金，促进了贸易投资便利化。

外债意愿结汇业务有序开展。企业外债结汇由实需原则转为意愿结汇，企业可根据汇率波动情况，选择合适时点先行结汇，有支付需要时再提供相关资料进行划款，使得企业在防范汇率风险、降低汇兑损失、提高资金使用效率方面得到便利，对满足企业资金运作需要、提升企业经营能力等也起到积极作用。

跨国公司外汇资金集中运营业务取得积极进展。此政策为自贸区企业提供了全球统一视图，实现了全球化、区域化、本地化的资金统一调拨和集中管理，有效满足了企业统筹使用境内外外汇资金的需要，有利于企业充分利用国际和国内两个市场、高效配置资源、服务实体经济，促进了贸易投资便利化。

自贸区建设与京津冀协调发展实现良性对接。天津"金改三十条"中提出了设立京津冀协同发展基金、京津冀产业结构调整引导基金等五项创新政策，从实践情况看，取得了较好的效果。

一是建立了三地经济金融统计数据信息共享机制。人民银行天津分行与北京营管部、石家庄中心支行共同制定了《京津冀协同发展人民银行三地协调机制》，在推进金融业务同城化、京津冀信用体系建设、全国动产融资中心建设等方面取得了新的进展，较好地实现了金融支持京津冀协同发展与推动天津自贸区金融改革创新的有机结合。

二是跨区域金融协同创新与合作不断加强。推动金融机构加大对京津冀特别是与京津冀协同发展关联性强的区内重点项目的信贷投放，创新金融产品，拓宽融资渠道，加快金融基础设施建设。例如，天津自贸区内已有 20 多家金融机构与京冀金融机构建立了长期战略合作关系，在跨区域支付结算、异地存储、信用担保等同城化服务上取得实质进展。

三是京津冀产业结构调整引导基金落户天津。2016 年 8 月 30 日，注资规模 100 亿元的京津冀产业结构调整引导基金在天津自贸区正式成立。该基金将充分利用天津自贸区的金融创新优势，引导金融资源优化配置，加快产业结构转型升级，推动产业转移对接，对天津自贸区形成金融聚集效应、辐射带动京津冀乃至环渤海等地区发展将起到重要支持作用。

（二）广东自贸区

不断完善自贸区金融改革创新规则框架。2015 年 12 月，发布《中

61

国人民银行关于金融支持中国（广东）自由贸易试验区建设的指导意见》，围绕广东自贸区金融开放创新的任务，在扩大人民币跨境使用、深化外汇管理改革、限额内资本项目可兑换、区内机构借用外债、提升金融服务水平、完善区域金融监管协调机制等方面进行改革探索，先行先试。

2015 年 12 月，国家外汇管理局广东省分局发布《推进中国（广东）自由贸易试验区广州南沙新区、珠海横琴新区片区外汇管理改革试点实施细则》，国家外汇管理局深圳市分局发布《推进中国（广东）自由贸易试验区深圳前海蛇口片区外汇管理改革试点实施细则》（以下简称《实施细则》），在外债资金意愿结汇、简化经常项目外汇收支手续、发展总部经济和结算中心、发展人民币与外汇衍生产品服务、融资租赁公司收取外币租金、加强跨境资金流动风险防控等方面提出了外汇管理促进广东自贸区建设的具体措施。其他相关金融改革实施细则也正在抓紧推进中。

跨境人民币业务创新新突破。稳步推进跨境人民币贷款业务试点。支持深圳前海拓展跨境人民币贷款业务，推动广州南沙新区、珠海横琴新区跨境人民币贷款业务创新发展。截至 2016 年 1 月末，前海跨境人民币贷款项目累计汇入跨境人民币贷款 341.4 亿元，南沙新区跨境人民币贷款项目累计汇入跨境人民币贷款 24.2 亿元，横琴新区累计汇入贷款金额 10.0 亿元。

推动自贸区企业开展跨境人民币资金集中运营业务。降低企业的准入门槛，扩大跨境人民币净流入额度上限，支持区内企业集团集中管理境内外成员企业的人民币资金，办理资金集中收付汇、轧差净额结算，提升统筹配置境内外资金的能力。截至 2016 年 1 月末，广州南沙新区、珠海横琴新区共有 4 家跨国企业集团办理跨境人民币资金集中运营业务，累计结算量达 92.8 亿元。跨境人民币业务创新对自贸区贸易与投融资便利化的促进作用显著，广东自贸区人民币跨境收支的规模不断扩大。

外汇管理改革加快推进。简化经常项目外汇收支手续。根据南沙新区、横琴新区、深圳前海蛇口片区外汇管理改革试点《实施细则》，自2015年12月21日起，自贸区内货物贸易外汇管理分类登记为A类的企业外汇收入无须开立待核查账户；服务贸易、收益和经常转移等对外支付单笔等值在5万美元以上的，按规定提交税务备案表。优化货物贸易外汇管理服务，指导银行机构代理自贸区企业办理货物贸易外汇收支企业名录登记及其变更和货物贸易外汇监测系统管理员密码领取申请、企业外汇账户基本信息备案等多项业务。

跨国公司外汇资金集中运营管理改革不断深化。根据《实施细则》，自2015年12月21日起，放宽自贸区跨国公司外汇资金集中运营管理准入条件，业务备案条件中上年度本外币国际收支规模由超过1亿美元调整为超过5000万美元。进一步简化资金池管理，允许银行审核真实、合法的电子单证办理经常项目集中收付汇、轧差净额结算业务。外汇管理改革有效推动了广东自贸区外币跨境收支规模的持续增长。

以粤港澳为重点的区域金融合作取得积极成效。推动以粤港澳为重点的区域金融合作是广东自贸区金融开放创新的重要方面。两年多来，广东自贸区积极推进粤港澳金融合作，并取得实效。

一是率先启动粤港电子支票联合结算试点。广东省内的试点银行机构可在区内受理香港电子支票的跨境托收，为客户办理香港电子支票的收款。粤港电子支票联合结算业务的开展，实现将两地票据结算的品种从纸质支票拓展到电子支票、将电子支票的结算区域由香港拓展至广东自贸区，有效改进了跨境金融服务，提高了粤港两地跨境资金往来的结算效率。自2016年7月试点启动以来，截至2016年10月末，累计发生粤港电子支票联合结算业务102笔，其中：港元业务90笔，金额合计107.0万港元；美元业务3笔，金额合计302.0万美元；人民币业务 9 笔，金额合计 2.0 万元。

二是推进跨境支付工具创新。推动广东自贸区公共服务领域的支付服务向粤港澳三地银行业开放，为粤港澳三地居民跨境往来提供便利的支付服务。在横琴片区推出全国首个跨境公交受理金融 IC 卡项目，让莲花大桥穿梭巴士乘客可以"闪付"乘车，享受便捷的小额支付服务。截至 2016 年 10 月末，莲花大桥穿梭巴士以"闪付"方式收取车费 281.2 万笔，金额达 1 009.0 万元。

三是开展跨境住房按揭试点。在广东自贸区横琴片区探索开展跨境住房按揭业务试点，让港澳居民在境外银行办理住房按揭贷款后可以依法合规地将资金调入自贸区横琴片区用于购买商品房，为港澳同胞在自贸区置业提供便利。截至 2016 年 10 月末，通过跨境住房按揭，自贸区横琴片区累计收汇 6.3 亿美元。

（三）福建自贸区

出台金融改革创新相关配套文件。2015 年 12 月，《中国人民银行关于金融支持中国（福建）自由贸易试验区建设的指导意见》发布以来，为推动相关金融改革创新政策尽快落地，人民银行福州中心支行积极研究出台相关配套实施细则。国家外汇管理局福建省分局和厦门市分局分别印发了《推进中国（福建）自由贸易试验区外汇管理改革试点实施细则》和《推进中国（福建）自由贸易试验区厦门片区外汇管理改革试点实施细则》。

金融机构入驻踊跃。截至 2016 年 2 月末，自贸区内已有金融机构 143 家，其中银行机构 88 家，证券机构 7 家，保险机构 48 家。同时，互联网金融、汽车金融、航运金融等金融业态不断创新发展。

跨境人民币业务获得显著发展。福建自贸区挂牌以来，跨境人民币借款、跨国公司资金池业务、海峡两岸人民币资金清算结算业务获得快速发展。截至 2016 年 2 月末，厦台跨境人民币贷款业务签约额达 2.97

亿元，实际提款额达 2.91 亿元。截至 2015 年末，福州片区内企业从境外融资人民币 2.6 亿元、外币 3 500 万美元；平潭片区内 4 家企业共借入境外资金折合人民币约 1.5 亿元，浦发银行福州分行联合台湾彰化银行福州分行为平潭片区金井湾商务运营中心项目办理首笔闽台银团贷款 5 亿元。全省共有 57 家跨国企业集团开办跨境双向人民币资金池业务，累计从境外流入金额达 238.6 亿元，累计流出境外金额达 273.06 亿元。厦门率先建立跨海峡人民币代理清算群，开设代理清算账户 71 对，累计清算金额达 506.94 亿元，占全国的约 10%；自 2015 年 6 月办理首单业务以来，至 2015 年末已为东盟海产品交易所境内外会员办理跨境人民币结算 783.75 万元。

外汇管理改革不断推进。在外商投资企业资本金意愿结汇、简化货物贸易流程、开展跨国公司资金集中运营业务、设立对台外币代兑点等方面取得积极进展。截至 2016 年 2 月末，福建全省（包括非自贸区）已办理 57 笔外商直接投资项下外汇资本金意愿结汇，合计 9 464 万美元；已下放银行办理 2 656 笔直接投资外汇登记。共有 16 家银行分支机构为 22 家自贸区企业办理了未入待核查账户的货物贸易收汇，金额折合 1 160 万美元。区内共有 15 家企业拟申请跨国公司外汇资金集中运营管理业务，其中 9 家主办企业为中资企业。主要涉及批发、贸易、制造、运输等行业，拟集中外债额度共计 22.56 亿美元，境外放款额度共计 6.77 亿美元。平潭对台小额贸易市场成立首家外币代兑点，共办理新台币现钞兑入 23 笔，金额达 89.29 万元新台币。

账户体系建设逐步完善。中国银行福建省分行、农业银行福建省分行、建设银行福建省分行已完成分账核算系统搭建工作，进入业务测试阶段。工商银行福建省分行同时筹建各分账核算系统和专户系统，拟根据监管政策出台顺序先推出专户模式，再推出分账核算模式。

要素平台建设取得初步成效。海峡股权交易中心、海峡金融资产交易中心、东盟海产品交易所等均已建成并运营正常，目前正在积极推动筹备金融资产交易平台、大宗商品交易场所建设平台、国际金融资产交易平台等，并扩大海峡股权交易中心业务范围。

深化两岸金融合作取得实效。两年多来，福建自贸区积极发挥在两岸金融合作中的先行先试作用，推动两岸金融合作不断深化。

一是扩大实施独具特色的两岸人民币清算机制。截至 2017 年 4 月末，已有 23 家台湾地区的银行业金融机构在厦门开立 44 个人民币代理清算账户，清算金额达 827.08 亿美元。福建自贸区挂牌后，跨海峡人民币代理清算群得到迅速拓展。区域上，从台湾地区拓展到以"海上丝绸之路"沿线为主的 16 个国家和地区；主体上，从商业银行拓展到境外央行等机构；功能上，从代理结算拓展到代理境外金融机构进入银行间债券市场、黄金市场开展交易。在代理清算群"品牌"效应带动下，目前已有农业银行、建设银行、平安银行、兴业银行等 8 家商业银行总行在厦门设立对台人民币清算中心，积极创新两岸特色金融产品，提供两岸特色金融服务。

二是两岸银行业务合作与创新不断加强。建设银行福建省分行获批设立国内首个总行级"海峡两岸跨境金融中心"，中国银行福建省分行获批设立福建自贸区内首个"两岸金融服务中心"，闽台两地多家商业银行在开立人民币同业账户、办理银团贷款、丰富对台金融服务产品等方面积极开展合作。工商银行、农业银行与台湾兆丰银行、永丰银行等签订战略合作备忘录，平安银行在厦门设立的离岸、对台货币清算、资金跨境三大中心揭牌。平潭银行业对台业务合作实现突破，浦发银行平潭支行联合台湾彰化银行福州分行办理自贸区首笔闽台银团贷款 5 亿元，中信银行平潭支行联合台湾台新银行为平潭国企办理首笔闽台内保外贷（跨境直贷）3 亿元。

三是推动两岸资本市场合作。厦门银行成功代理台湾日盛国际商业银行进入银行间债券市场，累计投资附息国债 1 000 万元。台湾永丰证券、台湾第一金控、台湾人寿、台湾富邦合计投资 9.08 亿元资本金。截至目前，台湾地区对厦门金融业的直接投资已覆盖银行、证券基金、财险寿险、融资租赁四类机构。设立首只两岸合作人民币私募股权基金（华创股权投资基金），基金规模为 20 亿元，首期为 10 亿元。台资出资人出资总额达 4.43 亿元，出资比例为 44.3%。此外，由人民银行厦门市中心支行牵头筹建的黄金交易平台主体——厦门海峡金融服务有限公司已在自贸区厦门片区注册成立，在第五届海峡金融论坛上接受了上海黄金交易所授牌，正式成为上海黄金交易所金融类会员。

四是两岸征信合作取得新突破。2015 年末，在人民银行福州中心支行的主导推动下，平潭辖区 15 家金融机构与上海资信有限公司签订了台湾地区信用报告查询合作协议。2016 年 2 月 25 日，福建自贸区平潭片区成功办理全国首笔台资企业及台胞在台湾地区的信用报告查询业务；2016 年 4 月 15 日，福州片区也成功开通台资企业、台胞在台湾地区的信用报告查询业务。此项业务的开通，标志着大陆与台湾地区征信信息的互通共享取得突破。

五是提升台资企业、台胞的金融服务。在福州、平潭海峡两岸电子商务经济合作试验区加快推行个人贸易外汇管理便利化政策，在不违反境内贸易、税收等政策前提下，允许台湾居民便捷办理个人贸易结售汇，且不受个人年度结售汇总额限制；中国银行福建省分行创新推出"长城两岸共同家园"借记卡，为台胞提供新台币兑换、理财管理、综合消费等优惠服务，提升台胞个人金融服务质效并与台北分行加强客户互荐、跨境融资等合作；建设银行福建省分行与建设银行台北分行签订跨境联动战略合作协议，已协助 10 余家台资企业落户平潭片区，联动提升对台资企业的服务质效。

二、辽宁、浙江、河南、湖北、重庆、四川、陕西自贸区建设起步

2017年3月31日，国务院宣布在辽宁、浙江、河南、湖北、重庆、四川、陕西7省（市）设立自贸区，并分别公布了总体方案。新设的7个自贸区的金融开放创新同样紧扣制度创新这一核心，并进一步对接高标准国际经贸规则，在更广领域和更大范围形成各具特色、各有侧重的试点格局，推动全面深化改革和扩大开放。

辽宁自贸区主要是落实中央关于加快市场取向体制机制改革、推动结构调整的要求，着力打造提升东北老工业基地发展的整体竞争力和对外开放水平的新引擎。

浙江自贸区主要是落实中央关于"探索建设舟山自由贸易港区"的要求，就推动大宗商品贸易自由化、提升大宗商品全球配置能力进行探索。

河南自贸区主要是落实中央关于加快建设贯通南北、连接东西的现代立体交通体系和现代物流体系的要求，着力建设服务于"一带一路"建设的现代综合交通枢纽。

湖北自贸区主要是落实中央关于中部地区有序承接产业转移、建设一批战略性新兴产业和高新技术产业基地的要求，发挥其在实施中部崛起战略和推进长江经济带建设中的示范作用。

重庆自贸区主要是落实中央关于发挥重庆战略支点和连接点的重要作用、加大西部地区门户城市开放力度的要求，带动西部大开发战略深入实施。

从2013年上海自贸区设立，到2015年增设广东、福建、天津三地自贸区，再到2017年新设辽宁、浙江、河南、湖北、重庆、四川、陕西七地自贸区，我国的自贸区建设形成了"1＋3＋7"的格局，自贸区

总数达到 11 个。这种分批次、按步骤、稳妥有序的部署和推进态势，充分体现了新形势下自贸区建设的重要战略意义和积极作用。通过先行先试、适度竞争、优势互补，探索了自贸区试验的各种制度创新复制推广的可行性，以更好地服务国家战略。

第四章
民间金融综合改革试点

第一节　民间金融改革背景

民间金融自古有之，在中国长期存在。民间金融的存在与发展有其合理性和必然性，是社会经济发展到一定阶段、企业和个人财富逐步积累、产业资本向金融资本转化、正规金融又不能有效满足社会需求时的必然产物，是对正规金融的有效补充，对缓解中小企业和农村地区的融资困境、支持地方经济发展起到了一定的积极作用。进入新世纪以来，民间金融在中国快速发展，规模不断扩大，形式有所创新，展现出蓬勃的生命力，与此同时，民间金融活动也潜藏一些风险和问题，不仅可能对宏观经济运行造成负面冲击，还可能对一个地区的金融稳定乃至社会稳定带来一定的负面影响。

一、民间金融的发展情况

目前在中国法律体系中没有"民间金融"这一概念，它是相对于正规金融而言，泛指在国家依法批准设立的金融机构以外的自然人、法人及其他组织等经济主体之间的资金融通活动，通常未被纳入金融业监管框架中。民间金融自古有之，存在形式多样，如民间直接借贷、合会或抬会、企业集资（集股）、私募基金、银背和地下钱庄、典当行、担保公司等非金融机构等。进入新世纪后，顺应经济发展阶段及相应的技术条件，中国民间金融又逐步演化出一些创新形式，如小额贷款公司、房产中介机构、众筹融资（包括股权众筹和债权众筹）等形式。

2008 年、2010 年，人民银行研究局通过两次全国性问卷调研，对各地民间金融发展状况进行了全面了解。通过对调查问卷的统计分析，可以看出中国民间金融有以下特点及发展趋势：

民间金融规模测算。通过推算，2010 年 3 月末，中国民间金融余额约为 2.4 万亿元（含小额贷款公司和典当行数据，如果剔除这两项，则该数据为 2.06 万亿元），占同期金融机构人民币贷款余额的 5.6%。

民间金融活跃度与宏观调控的力度呈正相关关系。一般而言，宏观调控力度越大，通常民间金融越活跃。当经济出现过热趋势且物价上涨压力较大时，为维护物价基本稳定、控制通货膨胀，往往会采取紧缩的宏观调控政策。随着宏观调控力度的逐步加大，一些行业和地区通常会出现资金供给紧张的态势，商业银行流动资金吃紧，促使部分资金需求者转向民间融资，民间金融市场日趋活跃。

民间金融利率水平对市场信号更敏感。民间金融市场的发展间接受到货币政策和信贷政策的影响，且对资金趋紧信号更为敏感。当商业银行收紧信贷投放时，小企业和城镇居民最先感到资金紧张，转向民间寻求融资，进而快速助推民间金融利率上涨。

民间金融区域发展不均衡。在正规金融机构多、金融生态环境好的大城市，民间金融相对不活跃，例如，在北京、上海、天津等大城市，样本企业的民间借贷行为均不普遍，利率不高。在以西藏、宁夏、新疆等为代表的经济欠发达的西部地区，样本企业的民间融资规模相对较小。在以浙江、海南、湖南、山西、江苏、山东以及内蒙古等为代表的民营经济较为发达的地区，样本企业的民间借贷规模较大，民间金融发展速度较快。

民间金融期限较短。主要用于中小企业流动资金需求以及自然人的生产经营性资金需求，一般借款期限在一年以内。

众筹融资快速发展。2007年以来，伴随移动支付、社交网络、大数据和云计算等互联网信息技术的飞速发展，以及大众消费方式的改变和现代金融理念的革新，互联网与金融业的相互融合和渗透日益深化。目前，中国众筹融资以债权众筹（即P2P）与股权众筹为主，对传统金融模式、货币政策、金融监管和金融消费者权益保护都产生了重要影响。

民间金融市场阶段性快速膨胀后可能以危机结束。新世纪以来，中国经济总体增速较快，民间金融市场相应发展较快。当经济出现过热局面同时伴随较为严峻的物价形势时，宏观调控便跟随而来，此后往往导致民间金融市场快速发展甚至是急剧膨胀。急剧膨胀的民间金融易诱发风险，引致危机。其危机诱发路径大致是：经济增长势头良好→银行信贷宽松→经济继续扩张至过热→宏观调控→银行信贷收紧→中小企业资金链紧张→民间借贷快速膨胀，规模扩大，利率高企→某一外因导致企业资金链断裂→出现区域性企业资金链断裂→触发民间金融危机。如2007年之后，中国民间金融市场进入快速发展通道，规模不断扩大，利率有所提高，形式创新多样。快速发展的民间金融市场引起全社会广泛关注，2011年5月，《文汇报》刊登文章《央行持续收紧银根，民间借贷利率出现100%高额年息》，报道了当时民间金融市场的增长及利率高企情况。高企的民间借贷利率加之经济向下的基本面并未完全扭转，导致2011年温州民间借贷出现危机；之后，2012年2月及2013年7月，内蒙古鄂尔多斯和陕西神木相继出现民间借贷危机。

二、民间金融阳光化、规范化改革的必要性

长期以来，民间金融在解决不同层次融资需求、弥补银行信贷不足等方面发挥了积极作用。但同时，由于其存在分散性、隐蔽性和趋利性特点，民间金融具有一些潜在风险，迫切需要加快推进民间金融的阳光化、规范化，引导民间资本为经济社会发展服务。

（一）民间金融分流了正规金融机构的资金来源，不仅对正规金融机构经营构成了一些压力，而且其风险可能向正规金融机构扩散

一方面，民间金融是一种民间自发的资金融通行为，不受任何管理部门的监督和约束，其经营活动较为随意，再加上高额的回报率，使得许多资金富裕户不愿将资金存入银行，更愿意通过民间金融获取高额回报，从而分流了正规金融机构的资金来源。面对民间金融引致的资金分流压力，某些正规金融机构为确保其市场份额，不惜采取一些违规吸储手段，这可能引发正规金融机构之间的恶性竞争。

另一方面，正规金融机构的资金可能转化为民间金融的放贷资本，部分民间金融机构和个人受利益驱动，甚至从商业银行等正规金融机构低息获得贷款，转手高息放贷，谋取利率差价。民间金融和正规金融之间的联系使得民间金融的风险可能向正规金融扩散。比如，对于既有银行贷款又有民间借贷融资的个人或企业来说，在偿还贷款时一般会首先考虑偿还民间借贷资金，这就在一定程度上影响了正规金融机构的正常运营。此外，在民间金融总量不断增加的情况下，如若突破一个量的警戒线，就有可能引发资金链断裂，导致支付风险，冲击银行体系。

（二）目前中国尚未正式建立对民间金融的监测制度，无法全面掌握民间金融的规模及投向，可能会削弱宏观调控的力度，影响宏观调控的效果

其一，民间金融监测制度缺失，使得政府的金融统计难以覆盖民间金融数据，这干扰了人民银行对社会信用总量的监测，在一定程度上妨碍了货币政策的有效制定。民间借贷活动所产生的信用是一国信用总量的组成部分，民间金融的规模直接影响信用总量和货币流通速度。由于民间金融通常分散隐蔽，如果没有纳入监测统计范围，将直接影响宏观调控信息来源的准确性，影响决策的科学性。

其二，民间金融的分散性及逐利性可能会削弱宏观调控的效果。民间金融具有一定的自主性和盲目性，不受国家宏观调控政策的约束。民间金融会在信贷规模和信贷投向两个方面削弱宏观调控政策的效果，增加宏观调控的难度。一方面，民间金融会增加信贷规模，在信贷总量上削弱从紧的货币政策；另一方面，由于民间金融具有自发的逐利性，容易受高利润的诱惑进入受控行业，从而在资金的行业流向上影响产业政策的落实。

其三，民间金融的监测制度缺失给民间金融的健康发展带来不利影响。一些行政管理部门不了解民间金融的违法行为（非法吸存、非法集资、集资诈骗、转贷谋利、非法经营等），监管不到位，无法处理好民间金融市场中出现的一些问题，使风险扩散，影响了民间金融的健康发展。

（三）民间金融的运行机制不规范，缺乏有效监管，可能对金融稳定乃至社会稳定造成一定挑战

首先，民间金融具有非正规性和隐蔽性，游离于金融监管范围之外，缺乏一套完善的风险控制机制，容易导致风险的失控。虽然民间金

融不吸收公众存款，不具有杠杆放大效应，但是，具有金融属性的民间金融同样具有脆弱性和敏感性。民间金融的资金提供者易出现羊群效应：当借贷利率高企时，会有更多的资金投入到民间金融市场中去；当出现重大民间金融违约事件时，为了规避风险，资金也会急速撤出这一市场。在加上民间金融与正规金融机构存在千丝万缕的关系，如若出现经济大幅下滑或者政策原因而导致民间金融资金链断裂，引发大规模违约，则风险不可避免地传递到正规金融机构，从而危害整体的金融稳定。

其次，民间金融潜藏一定的不稳定性风险。民间金融具有高收益性和高风险性，缺乏制约保障机制，容易出现纠纷，从而给社会带来了不安定因素。调查显示，民间金融主要依靠道德约束，隐含较高的违约风险。这种建立在债务人信用基础上的借贷行为极易造成对债权人利益的损害。一旦债务人无力还债或是恶意逃债，债权人或者蒙受经济损失，或者可能发生动用武力进行逼债的行为。另外，个别企业集资式的民间金融的潜在风险较大，一旦企业经营不善，无法偿还借款，容易引发集资纠纷，在一定程度上影响了社会的安定团结。

最后，脱离监管的从事民间金融的中介组织（包括众筹融资平台），可能会违规吸收资金形成资金池，发展成为非法吸储放贷的私人钱庄，导致非法集资和金融欺诈，从而引发金融风险和社会问题。

第二节　温州民间金融综合改革方案及改革主线

一、温州进行民间金融综合改革的典型性

浙江温州申请设立金融综合改革试验区，具有独特的优势条件。

首先，民间金融长期以来具有较高的活跃度是温州进行民间金融综合改革的基础条件。温州是中国民营经济发展最早、民间资本最为充裕、民间金融最为活跃的地区之一。长期以来，民间金融在解决不同层次融资需求、弥补银行信贷不足等方面发挥了积极作用。根据人民银行温州市中心支行的监测分析，2010 年，温州民间借贷保有规模大约为800 亿元，综合借贷利率水平大约为21%，各类民间金融中介机构包括担保公司、典当行、寄售行、投资（咨询）公司等合计 1 340 多家。民间金融长期以来与当地个体私营经济、中小企业的发展相辅相成，在一定历史阶段起到了补充融资、风险投资与优化融资结构的作用。

其次，具有较强的改革创新精神是温州进行民间金融综合改革的历史背景。温州自20 世纪80 年代以来就是中国改革开放的前沿阵地，在金融方面也不例外。从民间自发及基层探索角度看，中国金融改革的帷幕可以说是在温州率先拉开的。1980 年，温州最基层的金融网点悄然自发开始实行利率浮动。1986 年 9 月，温州被国家体改委和人民银行确定为金融体制改革试点城市之一。1987 年 9 月，温州被正式确定为全国唯一的利率改革试点城市。2002 年 12 月，浙江省政府和人民银行上海分行把温州作为金融改革综合试验区，正式启动新一轮金融体制改革。2003 年温州又提出金融港建设，此后也不断自行开展了一些改革尝试。同时，温州金融的改革发展实践还培养了温州人的金融意识，包括时间价值观念、金融风险意识、信用有价意识，为金融综合改革发展提供了基础条件。因此，进行民间金融综合改革也是温州金融改革的历史延续。

最后，2011 年温州发生的民间金融风波是温州进行民间金融综合改革的直接原因。自 2011 年 4 月开始，温州出现了个别民营企业主"跑路"的情况，社会各界逐步关注。随着时间的推移，因资金链断裂而"跑路"的温州企业家越来越多，这引起了一系列连锁性反应，银行和放高利贷者开始担忧资金安全而开始索回借款。2011 年 9 月末，集中爆发多家中型甚至较大规模企业的倒闭事件，全国媒体一时出现了大量的相关报道。温州地方政府连续出台维护经济金融秩序的措施，希望缓和市场恐慌情绪，但效果甚微。10 月，时任国务院总理温家宝到温州做专题调研，希望短期内扭转形势，也未达到预期效果。民间借贷风波传导效应显现，波及范围扩大，债务纠纷回升，极端事件再发，维稳压力增加。

2011 年温州出现民间金融风波有其体制机制的原因，是各项矛盾积累的结果。一是经过三十多年的改革开放，特别是 20 世纪以来市场和环境的快速变化，温州改革的先发优势和改革红利逐渐丧失，经济转型升级步伐艰难，企业经营脱实向虚，盲目投资、多元化扩张和高负债经营现象日益严重。二是正规金融机构的产品和服务能力不足，信贷经营和考核管理机制存在缺陷，不能很好地满足和服务于中小企业发展。三是民间金融市场监管的缺失，民间投资渠道的不畅，导致大量民间资本流入短期垫资等投机领域，各类融资中介违规经营，出现"以钱炒钱"、发放高利贷等现象，使民间借贷失去了原有的资金融通和互助功能。四是宏观调控政策快速转向，货币政策回归常态，房地产市场的调控，许多企业没有形成正确判断，大量投资无法变现收回，资金链紧张并出现断裂。

可以说，2011 年下半年温州发生民间金融风波，一批民营企业倒闭，促使浙江省和温州市政府对民间金融进行综合改革。2011 年 11 月，浙江省人民政府向国务院上报《浙江省人民政府关于要求在温州市设立国家金融综合改革试验区的请示》。

二、方案出台和改革主线

2012 年 3 月 28 日，国务院第 197 次常务会议批准设立温州金融综合改革试验区。在温州推进金融综合改革的目的在于：破解温州经济发展中存在的"两多两难"等突出问题，即民间资金多而投资难、中小企业多而融资难；鼓励和引导民间资本进入金融服务领域，探索民间融资的规范化和阳光化途径，趋利避害；规范金融秩序，防范金融风险，优化金融生态环境；有效提升民间资金向产业资本转化的能力，完善专注于小微企业和"三农"的金融产品创新体系，健全与市场经济相适应的金融体制和运行机制，进一步提升金融服务实体经济发展的能力，推动经济转型升级。概括来讲，温州民间金融综合改革的目标在于，在地方金融组织体系、金融服务体系、民间资本市场体系、金融风险防范体系等方面先行试验。

为落实国务院常务会议精神，指导和协调温州金融综合改革试验区建设，2012年4月，周小川行长率领人民银行调研组赴温州深入了解金融综合改革试验区建设有关工作情况，听取意见建议，指导试点工作，与浙江方面共同研究落实国务院常务会议精神，启动温州金融综合改革试验区有关工作。周小川行长指出：在温州推进金融综合改革，要围绕加快转变经济发展方式、优化经济结构，积极整合地方金融资源，着力破解温州经济发展中存在的突出问题；鼓励和引导民间资本进入金融服务领域，畅通民间投资渠道，改善小微企业和"三农"金融服务，拓宽企业融资渠道，维护金融秩序，防范金融风险；通过金融综合改革，有效提升民间资金向产业资本转化的能力，完善专注于小微企业和"三农"的金融产品创新体系，增强防范和化解金融风险的能力，优化地方金融生态环境；温州金融综合改革的要点和重点在于"减少管制、支持创新、鼓励民营、服务基层、支持实体经济、配套协调、安全稳定"。在实际操作中，一方面要加强组织领导，另一方面要充分发挥基层微观主体的积极性，做到"依靠市场、适应市场"。对于那些基本具备条件的改革任务，成熟一项，就启动一项。温州在金融综合改革过程中要增加透明度、依靠人才、加强规范、鼓励竞争和创新，通过挖掘潜力提高金融资源的效率，在把握好方向原则的同时，大胆探索。

温州金融综合改革在国内外引起了广泛关注，成为中国地方金融改革的重要研究样本。就最初确定的 12 项主要改革任务来看，可以归纳为如下几个方面内容：（1）促进金融机构改革，如加快发展新型金融组织，发展专业资产管理机构，深化地方金融机构改革等。（2）促进金融市场改革，如规范发展民间融资，培育完善地方资本市场，依法合规开展非上市公司股份转让及技术、文化等产权交易。（3）促进金融产品改革，如创新发展面向小微企业和"三农"的金融产品与服务，积极发展各类债券产品，拓宽保险服务领域，创新发展服务于专业市场和产业集群的保险产品。（4）促进金融管理改革，如研究开展个人境外直接投资试点，完善地方金融管理体制，建立金融综合改革风险防范机制。（5）促进金融环境改革，如加强社会信用体系建设，推进政务诚信、商务诚信、社会诚信和司法公信建设，推动小微企业和农村信用体系建设。

上述这些主要任务，多数是对已存在的金融政策思路的重新整合，还有一部分是对未来金融改革方向的描述。从制度层面看，具有金融创新意义的主要有两方面：一是"制定规范民间融资的管理办法，建立民间融资备案管理制度，建立健全民间融资监测体系"，这是本次改革的重点，且与整个民间金融与促进民间投资的改革相关；二是"鼓励和支持民间资金参与地方金融机构改革"，这次改革能否加大民间资本参与村镇银行改革的力度，并推动村镇银行向社区银行发展，成为改革的关键之一。

温州金融综合改革事实上包括了当时各地方推动金融业发展的各个层面，并且与各省市金融业发展规划的要点也大多保持一致，只是更加突出温州的民间金融特点。由此来看，温州金融综合改革既是地方金融改革的缩影，也是中央进行全面金融政策突破尝试的试验田。

第三节　温州民间金融综合改革创新做法

温州民间金融综合改革试点起步于民间金融风波，从问题导向入手，在经济新常态的大环境下，各项金融改革试点项目顺利推进，为温州经济企稳回升、产业转型升级输送动力，不仅促进温州经济金融持续、互动、健康发展，还形成了一些可供复制推广的经验。

一、探索民间金融规范化发展的新路径，初步形成了"温州模式"

在温州民间金融综合改革推进过程中，为了推动民间金融规范发展、引导民间资金有序流动，2013 年 11 月 22 日，浙江省人大常委会通过首部地方性金融法规——《温州市民间融资管理条例》（以下简称《条例》），该法规于 2014 年 3 月 1 日正式实施。《条例》的出台，是温州民间金融综合改革的一个标志性成果。《条例》主要对民间融资主体、民间借贷、定向债券融资和定向集合资金、风险防范和处置以及法律责任进行了规范，是民间融资阳光化、规范化、法制化的重大突破。《条例》颁布以来，经过大力宣传，温州市民对《条例》的知晓率从 2014 年 12 月的 18.7% 提升至 2016 年 9 月的 32.9%，至少 40% 以上的民间借贷进行了规范登记备案，民间融资的综合利率水平逐年回落，在全国率先走出了一条民间金融规范化发展的新路子。

（一）具体做法

建立民间借贷备案常态化机制，助推民间融资阳光化。推动强制备案和自愿备案相结合。温州市、县两级共设立 7 家民间借贷服务中心和 5 家民间借贷备案服务中心，实现全覆盖，为民间借贷提供信息发布、信息登记、信息咨询、备案登记、融资对接等服务。按照《条例》的要求，单笔借款在 300 万元以上、借款余额在 1 000 万元以上、向 30 人以上特定对象借款等民间借贷情形必须予以备案。《条例》实施以来，温州民间借贷突破简单的电话和"白条"，借款协议或借条逐步格式化，市场信息逐步透明，契约更加完善。温州民间金融综合改革试点以来，累计登记备案金额从 2011 年的 3.78 亿元跨越式增长到 2016 年的 450.6 亿元，其中 2016 年以来备案金额达到 163 亿元；截至 2016 年末，7 家民间借贷服务中心借出登记 174.18 亿元，借入登记 142.31 亿元，撮合成功 102.31 亿元，引导民间金融实现规范化、阳光化。

加强民间利率监测引导，合理引导民间资金价格。首创编制反映民间借贷利率的"温州指数"，在全国发布"温州·中国民间融资综合利率指数"，并与汤森路透、中证指数达成合作，以"温州指数"加强民间利率监测引导，促进民间融资利率阳光化。"温州指数"在温州及全国民间金融市场发挥了交易价格的"指示器"和"风向标"作用，引导民间融资利率市场化，大大降低了民间借贷成本和债务风险。温州市中级人民法院发布的《关于贯彻实施〈温州市民间融资管理条例〉的纪要》明确，如借贷双方事先未约定利率，可将"温州指数"作为确定合理民间借贷利率的自由裁量参考依据，这使指数在解决民间借贷纠纷等司法领域有了一定的应用价值。2016 年末，"温州指数"合作城市达到 46 个，监测点有 682 家，每周采集样本量近 2 000 笔，温州地区民间融资综合利率为 15.98%，比 2011 年末下降 9.46 个百分点；其中，小额贷款公司平均贷款利率下降 7 个百分点，仅下调的利率差就为借款者减少资金成本超过 20 亿元。民间融资综合利率与银行贷款平均利率的差额从 2011 年末的 16.78 个百分点缩小到 2016 年末的 10.25 个百分点，利率水平逐步回落和回归理性。

打破民间资本进入金融业的"玻璃门"。温州金融综合改革以来，引导民间资本加速以股权、债权等方式参与金融产业的发展，消减

"影子银行"的负面影响。截至 2016 年末，温州民间资本进入金融领域达 411 亿元，与 2012 年同期相比增长近 50%，其中全国首批开展民营银行试点的温州民商银行吸引民间资本 20 亿元，温州银行引进民间资本战略投资超 30 亿元，8 家农村合作银行通过股改吸引民间资本达 45.6 亿元。

以地方创新的理念引流民间资本活水。首创"地方发、地方用、地方还"的"幸福股份"和"蓝海股份"模式①，募集民间闲置资金 43 亿元；创新设立的民间资本管理公司累计引导 58.7 亿元民间资本投向 1 311 个小微企业项目，实现民间资本的高效腾挪。

各类金融组织"百花齐放"。首创设立具有地方特色的民间资本管理公司 10 家，新增小额贷款公司 19 家；第三方支付机构和商业保理机构实现零的突破；农村资金互助社和农村资金互助会牢筑农村"资金池"；瑞安兴民保险互助社为护航农业生产另辟蹊径。截至 2016 年末，温州全市共有 16 类地方金融市场主体、2 200 余家地方民间融资法人组织，其中正常营业并且已经纳入监管的有 800 多家，注册资本金达 180 多亿元。

(二) 主要成效

民间融资乱象丛生问题逐步扭转。《条例》颁布后，温州民间融资逐步从"地下"转到"地上"，公众登记备案从不主动、不情愿向主动、自愿备案转变。截至 2016 年 9 月，温州累计备案民间借贷 32 919 笔，备案金额达 397.3 亿元，其中，自愿备案 23 857 笔，占比为 72%。

民间融资价格高企问题得到改善。民间借贷登记备案制度及"温州指数"为构建民间金融监测制度框架打下基础，推动了民间借贷数

---

① "幸福股份"和"蓝海股份"是政府为建设地方项目发债，且由当地资本购买的资金募集方式。2016 年末，"幸福股份"发行了三期，一期用于温州市域铁路 S1 线建设，二期、三期用于温州滨江金融街项目建设。"蓝海股份"发行一期，用于温州围垦工程建设。

据阳光化，引导民间融资价格逐步回归理性。数据显示，温州民间金融综合改革试点以来，温州民间融资综合利率从2011年25.44%的阶段性高位逐步回落到2016年9月的16.6%，下降了8.84个百分点。

民间投资脱实向虚问题明显转变。温州民间资本雄厚，长期以来，民间资本游走于民间高利借贷、房地产、矿产等投资领域，实体经济投资较为不足。《条例》颁布之后，创新了定向债和定向集合资金融资渠道，拓宽了民间资本的投融资渠道，引导民间资本规范对接实体经济。

二、初步构建具有温州特色的地方金融监管框架

（一）具体做法

推进地方金融监管法制化进程。构建了以《条例》为母法，规范性文件与审判会议纪要互相交融的民间融资法制化制度体系，明确了温州地方金融管理部门的监管主体地位和职权，使温州成为全国首个地方金融监管执法类城市。2014年12月31日，苍南县金融办依据《条例》开出了全国首例民间融资执法行政罚单。

以地方金融监管协调机制为核心，构建全方位地方金融工作格局。温州借助民间金融综合改革平台，率全国之先成立地方金融管理局，组建金融审判庭、金融犯罪侦查支（大）队和金融仲裁院。以《条例》为依据，整合分散在地方经信、商务等部门的金融监管职能，制定出台有20个部门参与的《温州市地方政府金融监管协调机制》，将地方金融监管、打击非法集资和恶意逃废债、金融突发公共事件应急处置等机制整合纳入地方金融监管协调体系。引导设立小额贷款公司协会、民间融资信息服务行业协会等自律组织，推进政府监管与行业自律相结合。

采取一系列监管手段，确保金融领域实现监管全覆盖。初步建立以"非现场监管为主、现场检查为辅"的监管模式，定期发布行业监管分

析报告。具体来讲，监管手段主要包括四类：一是现场常规检查，有针对性地对地方金融市场主体开展现场专项检查，每年整体检查覆盖率在 20% 以上，其中个别主体实现了 100% 的现场检查覆盖。二是非现场监管，创新开发全国首个民间金融组织非现场监管系统，完成民间金融主体的非现场监管接入，截至 2016 年末，温州全市已有 10 类 890 家市场主体纳入系统，有助于加强监管数据分析和风险预警。三是风险联合排查，温州市金融办多次牵头，联合公安、市场监管、人民银行、银监局、电信等多个职能部门，建立风险联合排查小组，出动数百人次，对全市网络借贷、股权众筹、小贷公司等 1 500 多家市场主体开展地毯式风险排查，突出抓好互联网金融平台风险、投资理财风险等新型金融风险的防范整治，形成监管合力，消除社会不稳定因素。

形成一种监管模式。采取以法治为引领推进地方金融监管的模式，以《条例》等法规制度为依据开展地方金融监管，通过法制宣传逐步提升公众的民间融资风险防范意识，强化执法队伍专业化建设，截至 2016 年末，共有 66 人成功申领"民间融资监督管理"行政执法证，温州成为地方金融监管执法类城市，开出 3 单民间融资执法行政罚单，形成地方金融监管行政处罚样本。

开展互联网金融专项整治。成立温州市互联网金融整治办，通过现场检查、电话核实、网格人员上门核查、线上复核等方式，摸清了各类互联网金融企业的风险底数。探索将互联网金融风险防范纳入"一张网"的网格化管理，加强县、乡、村三级处理非法集资网络协调联动，探索形成"打防并举、以防为主、齐抓共管"的群防群治格局。

（二）地方金融监管框架发挥的作用

一直以来，地方金融监管职责与职权边界并不明晰，政府对地方金融监管长期处于有心无力、有力无措、有措无保障的困境。《条例》明确规定温州地方金融管理部门负责指导、监督、管理辖区内民间融资活动，明确了地方金融管理部门的权责边界，温州成为中国首个地方金融监管执法类城市，率先开出 3 单民间融资执法行政罚单，下发 70 余份责任限期整改通知书。一方面，强化了地方政府对民间金融的监管，及时查处非法集资等违法犯罪活动并加大对其的打击力度，有利于民间金融的规范化发展。另一方面，有利于地方政府防范并快速处置区域性金融风险，维护金融稳定。

三、积极探索区域性金融风险的处置方法与机制

温州民间金融综合改革起源于温州民间金融风波，不可避免地涉及温州民间金融风波的处置。在改革推进过程中，还遇到了温州担保圈风险事件。为了稳妥处置区域性金融风险、企业债务风险，温州市政府按照"企业担一点、银行让一点、政府帮一点、司法快一点"的处置思路和工作方法，努力在保企业和保银行之间寻找平衡点，切实形成了企业金融风险和银行不良贷款处置工作合力，加强行政司法联动，着力用好《企业破产法》，推动市场出清。

（一）具体做法

因企施策，分类处置企业风险。温州民营企业情况复杂，良莠不齐。为此，温州市政府部门牵头开展风险企业帮扶和协调处置工作，将风险企业划分为保护、帮扶、破产重整、逃废债务四种，分别予以扶持、协调、处置与打击。坚持"行政帮扶"和"司法处置"两协调，织好风险处置最后一张网，防止企业"猝死"。在具体协调中，坚持"先清偿、后代偿，先抵押、后保证"两条原则，紧紧结合具体企业和银行的实际情况，做到"一企、一行、一策"，合理分担代偿压力，有序化解担保链风险，风险企业处置完成率达到 98%。对担保关系复杂、影响重大的重点风险企业，实施土地和产权分割出让，支持多种方式盘

活存量资产，让破产企业有产可破、担保企业有资可担，防止引发金融风险。截至 2016 年 12 月末，成功处置重点帮扶类企业 357 家，已有 120 家重点风险企业和 8 个重大风险担保圈基本完成处置，累计协调帮助 1 600 多家企业，受益的关联企业约为 5 000 家。

综合处置，持续去除信贷泡沫。充分运用清收、核销、打包、上划等处置措施，2011 年 9 月以来，温州不良贷款化解速度快于不良贷款新增速度，不良贷款存量持续下降，2016 年末，不良贷款率下降至 2.69%，为温州民间金融综合改革以来的最低值；辖内给 3 家及以上企业提供担保同时又被 3 家及以上企业担保的企业数达 245 家，较 2012 年末大幅减少 971 家。为化解过度授信、交叉授信，有效防范不良贷款新发，温州出台了授信总额主办行管理办法，规定"小微企业授信银行不超过 3 家，大中型企业授信银行不超过 5 家，集团企业授信银行不超过 8 家"。截至 2016 年末，温州已纳入联合授信管理的企业近 2 万家，合计授信总额为 5 391 亿元。

创新破产处置机制，推进僵尸企业市场出清。坚持"有保有破"的差异化处置，以达到拯救企业和清理债务的双重目的。推进破产审理方式改革，试点简易破产程序。创新破产处置机制，设立破产援助专项资金，保障无产可破案件管理人报酬的支付。2013 年至 2016 年末，温州两级法院共受理破产案件 913 件，审结 662 件，分别占浙江全省的 43.18% 和 54.53%。其中，受理破产重整案件 33 件，审结 29 件，重整成功 26 件，重整成功涉及的债权额度达 88.17 亿元，占破产审结债权额度的 33.93%。通过破产审判促成庄吉集团等企业成功重整，僵尸企业问题得到了有效化解。温州运用《企业破产法》处置企业债务风险的主要做法如下。

首先，以"府院"联动机制解决配套制度不健全难题。温州建立政府与法院联动工作机制，成立企业破产处置工作领导小组，形成了一系列配套制度解决相关难题。一是解决重整企业在银行征信系统的信用修复难题。明确商业银行依据法院出具的函件，通过在征信系统中添加"大事记"或"信息主体声明"等手段对企业的重整情况进行说明，从而修复重整企业征信记录。二是解决企业重整前所开立的基本户的撤立问题。明确对尚未清偿开户银行债务的重整企业撤立基本户，人民银行温州市中心支行依据法院出具的对相关银行债权的保护文件（函）予以办理。三是解决重整企业税务登记证变更的问题。明确税务机关依据法院出具的函件，对列入税务黑名单的重整企业的税务登记证变更事项予以办理。四是解决特殊行业的破产重整企业参与招投标的问题。明确依据法院出具的证明文件，给予建筑类等特殊行业的重整企业参与招投标的资格。

其次，以审理与配套机制缓解各方利益协调难题。在破产案件中，各方对破产周期、偿债率等方面都有各自的利益诉求，同时也必须调动法院自身的积极性，温州探索了一系列措施提高审理效率，协调各方利益。一是建立专门的破产审判庭和审理机制，提高处置效率。实践中形成破产快速审理机制，采取简化公告程序、限制和解次数等方式，压缩审理周期，规定无任何财产可"破"的小微企业的破产案件在裁定受理后三个月内审结，一般的破产案件在六个月内审结。建立"执破衔接"机制，对符合破产清算条件且挽救无望的企业，及时终止执行转入破产程序，切实提高处置效率。温州2015年"执破衔接"机制实施以来，共移送执行案件303件，进入破产程序282件，涉及执行标的84.02亿元。二是两级财政设立破产援助专项资金，保障无产可破案件管理人报酬的支付。三是改进绩效考核方式，提高法院积极性。温州中院明确，1件破产重整案相当于16件二审案，1件有产可破案相当于8件二审案。

最后，利用破产重整机制探索有价值企业的再生之路。（1）实施有限合并与并案审理。一是针对温州企业股东个人财产与企业财产高度混同现象，确定了以资金流向和用途作为确认股东个人债务与企业是否有关联的界定标准，与企业有关联的股东个人债务与企业的债务合并处理。二是对高度关联企业的重整案件采取并案审理机制，即管理人统一指定，审理环节优化组合，债权债务"打包处理"。如海鹤药业、兴瓯医药合并重整案，使得具有 300 多年历史的老字号企业海鹤药业起死回生。（2）探索分离式处置模式。对于建筑类企业破产重整案件，一方面，原债务人主体存续，由战略投资者替换原公司股东进行重新经营，使各类优质资质得以保留，也保证了公司在建工程正常运行；另一方面，设立全资子公司平移剥离资债进行处置，有效切断了战略投资者与原债务人企业的或有债务之间的联系，使重整后企业的经营活动得以顺利进行。通过此种重整模式，中城建设集团保留了建筑特许资质。（3）尝试承接式重整模式。针对陷入资金链困境，但是有良好稳定的业务来源及技术、管理经验的企业，为了有效利用优势资源，提高重整成功的可能性，探索运用承接式重整模式，取得良好成效。如百速鞋业破产重整案，将部分股权让渡给两位股东之子，同时将原法定代表人聘为企业经营管理人员，目前企业经营正常。

（二）主要成效

温州担保圈风险事件爆发以来，通过实施多项措施，切断风险传染渠道，加快市场出清，温州企业的金融风险"筑底向好"。总体运行态势为：2011 年下半年风险爆发，2012 年、2013 年风险蔓延，2014 年"触底"转好，2015 年企稳回升，2016 年继续平稳向好发展。温州从"风险先发"到"率先突围"的态势基本明晰。

经济发展基础不断稳固，发展活力不断提升。2012 年，温州 28 项主要经济指标增速居全省末位的有 17 项，到 2015 年仅有 3 项，有 14 项经济指标进入全省前三。自 2011 年发生金融风波以来，2016 年第一季度首次实现"开门红"，28 项主要经济指标中有 15 项指标的增速位次前移且进位幅度明显，前移 3 位以上的有 11 项，特别是地区生产总值、投资、消费、工业等主要经济指标增速超过浙江省平均水平,位次居浙江省前列。

金融运行态势平稳向好,发展包袱不断减少。不良贷款连续实现"双降",截至 2016 年 12 月末,温州全市共处置银行不良贷款 372.20 亿元,比上年同期少处置 32.73 亿元,实现"双降";全市不良贷款余额为 217.23 亿元,比上月减少 22.20 亿元,比年初减少 74.22 亿元;不良贷款率为 2.69%,比上月下降 0.30 个百分点,比年初下降 1.12 个百分点;关注类贷款余额为 363.78 亿元,比上月减少 19.30 亿元,比年初减少 37.18 亿元;占银行贷款余额的 4.51%,比上月下降 0.28 个百分点,比年初下降 0.74 个百分点。

四、优化区域金融生态环境

温州金融综合改革将"加强社会信用体系建设"作为十二项改革任务之一,并以创建社会信用体系建设示范城市为契机,加强信用重建和全方位的创新探索,加快推动社会信用体系全面建设,重塑市场信用基础,努力化解互保、互联等风险,优化金融生态环境。

(一) 具体做法

构建并完善民间金融信用信息平台。深入实施民间借贷备案制度,完善民间借贷登记备案管理系统,积极打造民间信用信息的大数据平台,并探索构建金融信息、政府信息、民间信息"三位一体"的综合性信用信息查询平台,整合散落在各政府职能部门的信用信息数据,同时将 9 000 余笔民间借贷履约信息以及法院系统的 372 笔民间借贷诉讼信息纳入,填补了民间借贷信息在社会信用体系建设中长期的空白。积极推动中新力合公司征信业务的开展及创新发展,初步建立地方金融组织征信平台。中新力合公司已经汇聚了全国 3 500 万家企业的信息,企业信用风险控制平台正在建设并逐步完善中。

设立两大政府增信平台。一方面，由政府出资设立了温州市小微企业信用保证基金。信用保证基金初设规模为 8.5 亿元，首期规模为 5 亿元，旨在为缺乏抵押担保的"轻资产"小微企业和大众创业者提高资信能力。另一方面，根据《温州市小额贷款保证保险试点工作方案》，设立了小额贷款保证保险运营管理中心。截至 2016 年 9 月末，信用保证基金累计为 327 家小微企业融资提供政策性信用担保，承保金额达 5.87 亿元；开展涵盖小微企业、城乡创业者及农户的小额贷款保证保险业务 5 878 笔，总保额达 15.25 亿元，促进银行贷款 14.89 亿元。

深入开展"构建诚信、惩戒失信"专项行动，重塑市场信用基础。从严处理洗钱、隐匿转移资产以及"假破产""假倒闭"等行为，按季度曝光恶意逃废债企业、个人名单。建立风险企业资产变更信息共享机制，完善社会信用体系，加大非银行类信用信息采集，建设推广温州市企业信用信息辅助系统，推进民间、政府、金融、法院四大信息系统共享互动。在温州民间借贷服务中心平台实现了人民银行征信、发展改革委企业信用信息和民间借贷信用信息的"一站式"查询服务，截至 2016 年 12 月末，平台查询量已达 11 292 起，月均查询量近 808 起。继续推进"失信人名单"曝光工作，公布 8 批，失信对象达 292 例。创新推出风险企业资产变更信息共享机制，将 278 条风险企业及个人信息纳入联动监测与信息共享，防止出险企业恶意转移资产。

（二）主要成效

民间信用积极探索补位。通过完善民间借贷登记备案管理系统，打造民间信用信息大数据平台，丰富并补充了民间信用信息数据。

小微企业融资的政府增信长效体系建设初步构建。通过组建信用保证基金和小额贷款保证保险运营中心，形成了小微企业融资的政府增信长效体系，减少和防范因大量企业互保、联保问题再次引发的"信用链"

风险，初步实现了政府、银行、企业三方的互惠互利、合作共赢。

"构建诚信、惩戒失信"的信用环境初步形成。开展的"构建诚信、惩戒失信"专项行动已初步形成有效震慑。共约谈涉嫌逃废债企业及个人366个，打击各类逃废债犯罪1 046起。"诚信温州"建设取得积极成效。

五、温州民间金融综合改革的借鉴与启示

（一）借鉴

作为新世纪以来第一个真正意义上的区域金融改革试点地区，温州基本圆满完成了国家金融综合改革任务，温州金融业发展成效明显，金融生态基本修复，金融支持实体经济的能力增强，经济基本面持续回升向好。温州在区域金融改革中的创新经验已经开始向全国或全省推广：一是出台的全国首部金融地方性法规为今后全国规范民间金融提供了借鉴。二是"温州指数"形成全国民间融资监测网络。在温州市内及全国46个城市设立600多个监测点并开展监测合作。三是金融业综合统计受到全国借鉴。温州率先推进的金融统计标准化做法已逐步推广至全国其他地方开展试点。四是民间借贷服务中心成为民间借贷阳光化的主平台。其他省市已经借鉴温州经验，成立了负责备案登记的民间借贷服务中心并开展试点工作。五是温州民商银行的试点为后续民营银行的设立提供借鉴。温州民商银行充分发挥民营优势，助力小微、服务"三农"，成为其他地区实践的标杆。六是地方金融监管体制为消除监管空白探路。成立全国首家地方金融监管机构。

（二）启示

一是区域金融改革是解决区域金融热点、难点问题的有力举措。温

州民间金融综合改革试点以来，大众媒体、专家学者从疑虑到疑问，再到点赞，全国上下肯定了区域金融改革试点的做法。与全国46个城市定期发布的"温州指数"，有效引导民间利率走向理性。率先设立的地方金融监管机构和开发的民间金融组织非现场监管系统，在推动地方金融监管法制化进程、构建地方金融监管工作机制等方面为全国提供参考。

二是区域金融改革需要顶层设计与基层创新相协调。改革需要顶层设计，不能盲目试点，否则，成效将大打折扣。同时，改革又要突破常规，对一些空白领域进行探索。这就要求在改革过程中，既要顶层设计好方向、目标和任务，又要基层发挥能动性和创新力，探索推进各项改革措施。

三是区域金融改革要处理好眼前改革与长效改革的关系。改革要立足当前、着眼长远，从化解当前突出矛盾入手，从构建长效机制体制着眼，既要解决当前的重要问题，又要解决体制机制障碍，持之以恒，真抓实干，取得长效。温州在化解当地企业担保圈风险时给出了一种解决方法，且目前来看对于缓解担保圈风险起到一定作用：既在帮扶的企业和贷款银行之间找到了平衡点，协调解决了债权债务问题，又同步开展了贷款机制创新，彻底解决了企业不理性贷款和银行盲目放款问题，逐步实施"去杠杆"。对于救不起来的企业，坚决实施破产、重整、重组等措施，实施"去僵尸"。此外，同步推进信贷文化调整、企业公司治理优化、多层次资本市场构建等机制建设，帮助企业降成本，推动银行机构卸包袱。通过短期和长期举措相结合，多措并举巩固改革成果，降低金融风险发生的概率。

四是区域金融改革要加强中央与地方、地方各部门之间的配合协调。当今经济金融的发展趋势决定了不可能通过单兵作战解决风险防范问题。对于防范跨行业、跨领域形成的各类金融风险，需要构建适应现代金融市场发展的监管框架，需要处理好中央条线监管和地方块状监管的关系。通过区域金融改革，温州初步构建了具有本地特色的地方金融监管框架，通过地方金融监管探索的先行先试，可以在实践中检验并不断完善该监管框架，从而整合地方各职能部门力量，加强中央与地方以及地方各部门之间的协同监管，有效遏制潜在金融风险，推动区域金融环境持续向好发展。

▼ 专栏1

处置温州担保圈风险的八种模式

针对温州地区普遍存在的担保圈风险，地方政府会同金融管理部门、金融机构和企业积极采取多种措施，努力隔离担保圈风险传染路径，控制风险释放节奏，降低风险敞口。主要措施可归纳为以下八种模式。

一、政府转贷模式

当担保圈风险苗头初步显现时，地方政府和行业组织设立应急转贷基金，有短期资金周转困难、无抵押担保能力的企业向地方政府和行业组织提出资金使用申请，经审核后提取应急转贷基金归还银行借款。同时，地方政府协调银行办理该企业的续贷手续，并且争取续贷利率不上浮、期限适当延长。主要帮扶对象是地方政府和行业组织认为发展基础良好、主营业务稳定且尚处于担保圈风险初期的企业。浙江11个地市政府均建立了应急转贷基金，扶持当地有一定影响的企业。据不完全统计，浙江应急转贷基金累计使用超过1 350亿元，既缓解了企业资金链紧张，稳定了企业经营，又推动企业不恶意拖欠逃废银行债务，取得了较好的效果。

二、置换担保模式

部分企业处于高风险行业且担保圈关系复杂，但目前尚未发生风险。为降低风险发生概率，金融机构通过采取扩大信用贷款规模、扩大抵押物范围、提高抵押率、更换担保等措施，提高企业资信水平。浙江推动金融机构积极开展专利权、商标权、林权、股权、应收账款等权利的质押贷款，拓宽企业抵押物范围，以抵押款置换担保贷款，对经营状况良好的企业形成正向激励。此外，浙江地方政府通过筹建实力较强的政策性融资担保公司或向政策性融资担保公司增资，提高政策性融资担保公司的担保能力，以政策性担保置换企业互保联保。

三、平移代偿模式

当被担保企业出现资金链紧张、偿还贷款可能导致企业出险时，由担保企业先代偿债务，债权银行再按代偿金额对担保企业增加相应授信额度并给予利率优惠，确保担保企业履行代偿责任后可持续经营，从而减少担保圈层级，简化担保圈结构。该模式主要适用于担保企业资质较好、风险承受能力较强且愿意履行担保责任的情况，同时还需涉及防范道德风险的附加措施。

四、差额担保模式

在企业同一笔债务既有保证担保又有抵押时，对担保合同和抵押合同中的债务情况进行比较，把有效抵押的债务划分为无风险债务，再对保证担保部分进行单独处置，通过分割处置降低担保债务总规模。该模式既适用于未发生风险的担保圈，也适用于担保圈风险发生后需分割债务进行处置的情况。截至2014年10月，温州已通过该模式有效分割处置抵押贷款近16亿元。

五、暂缓追偿模式

在担保圈被担保企业发生严重风险、外围担保企业虽暂时资金不足但具备长期偿债能力时，各债权银行结成"共进共退"联盟，不单方面开展债务追偿或抽贷、压贷等措施，确保出险企业的信贷供给，通过支持企业逐步改善经营绩效收回贷款。该模式适用于国家政策支持的战略性新兴企业，其市场前景好、竞争能力强，各债权银行按照共同进退原则，帮助企业渡过难关，实现共赢。

六、资产重组模式

对于已发生风险的担保圈，引进战略投资者或由相关企业协商接管出险核心企业，通过债务剥离、资产重组、注资增信及划拨有效资产等方式，维持担保圈核心企业的正常经营，切断担保风险的传递渠道，实现企业产能升级。该模式多用于出险核心企业实力较强、对地方经济影响较大、具有较强市场竞争力的情况，但一般需要政府配合出台土地、税收等方面的优惠政策。

七、分拆盘活模式

担保圈内部分企业出险时，风险源头企业通过出售非核心资产缓解资金链紧张状况，或引入外部资金收购担保圈中的风险源头企业，切断风险传染路径。该模式通常适用于因跨业经营、盲目投资引发企业资金链紧张的情况。

八、破产清算模式

对严重资不抵债或明显缺乏清偿能力、市场发展前景不佳且属于国家政策限制发展行业，或恶意逃废银行债务、盘活无望的企业，及时采取司法破产措施，彻底消除风险源。2013 年至 2016 年末，温州共办结破产案件 662 件，既有效处置了风险，又淘汰了落后产能，优化了地方产业结构。

第五章
科技金融创新试点

2015 年，国务院提出"大众创业、万众创新"，将创新的重要性提升到了新的高度。创新驱动已经成为推动中国经济社会发展的重大战略。在市场经济条件下，科学技术是第一生产力，金融是现代经济的核心。科技创新和金融创新紧密结合是社会变革生产方式和生活方式的重要引擎，也是落实多项国家发展战略的重要推动力量。现代科技创新需要大规模的资金投入，科技创新的有效推动离不开一个健全的金融体系作为支撑。作为现代创新体系中日益重要的一环，建立合意的科技金融体系是必须和十分迫切的。谁先期投入，谁就有可能抢占科技的制高点，可以在世界经济格局中保持领先地位。

但就目前中国偏重间接融资的金融体系而言，在支持国家创新发展战略上存在天然不足。以间接融资为主的金融体系在对科技企业的信贷支持上，存在有效供给不足、科技企业现有抵押物与银行所要求抵押物不匹配、科技信贷供给与科技企业信贷需求结构不匹配、科技信贷资金价格不对接以及科技企业高风险与间接融资规避风险不匹配五大问题。

因此，选择部分地区，依托雄厚的科教优势和科技实力，放开科技领域对外开放限制，集聚全球高端要素资源，推动生产方式变革和技术创新，实现创新驱动发展，以科技金融改革创新为主题突破口，抓住当前中国经济结构转型中的核心矛盾，重点破解科技企业以及科技产业金融资源获取不足、成长乏力的困境，先行先试探索中国科技金融开放创新的新路径、新方法、新机制，显得十分必要而且重要。

第一节　武汉城市圈科技金融创新背景和基础

一、武汉城市圈金融业发达

武汉金融机构门类齐全，12 家全国性股份制商业银行都在武汉设有分支机构，武汉成为全国 6 个齐聚全国性股份制商业银行的城市之一。截至 2016 年末，武汉共有各类金融机构 236 家，其中总部机构 23 家。全市拥有银行业金融机构 35 家；法人证券公司 2 家，分公司 34 家；法人期货公司 2 家，分公司 5 家；证券基金管理分公司 2 家；法人保险公司 3 家，省级分公司 72 家。武汉地区各类金融机构数、外资银行数、法人机构数均居中部城市第一。根据中国金融中心指数综合竞争力排名，武汉为中部地区金融综合竞争力最强城市，在全国位列第 9 位，并位列全国基金投资热点地区前 6 名。2016 年，武汉金融业增加值达到 974.322 亿元，同比增长 15.4%，占第三产业的 15.5%，占地区生产总值的 8.2%，居全国 19 个副省级及以上城市第 6 位。

二、科教资源丰富

武汉是全国第二大智力密集区、第三大科技教育中心。目前，湖北有普通高校 123 所、在校大学生 153 万人，其中武汉有 110 万人，拥有武汉大学、华中科技大学两所 985 高校、7 所国家 211 工程高水平大学，是国内在校大学生最多的城市。湖北拥有各类科研和开发机构 1 500 多个，建有国家重点实验室 19 个、国家级工程技术研究中心 16 个，现有各类专业技术人员 50 万人、两院院士 62 人。丰富的科教资源为武汉城市圈开展科技金融改革创新提供了坚实的科技和人才后盾。

三、科技产业门类齐全

经过多年发展，湖北高新技术产业逐步形成了以电子信息、生物技术、新材料、先进制造、新能源等产业为特色的高新技术产业群。强大的产业基础为金融机构在武汉开展科技金融改革创新提供有力支撑，促进金融资源和科技资源有效融合，降低金融机构的投资和信贷风险。东湖国家自主创新示范区是继中关村之后中国第二个自主创新示范区，2014 年东湖新技术开发区综合创新实力居全国第二位。

四、区域战略优势显著

推动长江经济带建设，是党中央、国务院确定的国家战略之一。2016 年 3 月，中央政治局通过了《长江经济带发展规划纲要》，覆盖沿江 11 个省市，武汉城市圈"1 + 8"城市涵盖其间。湖北拥有长江干线 37% 以上的岸线长度，肩挑长江经济带两端，是名副其实的长江经济带"龙腰"。同时，近来年中部崛起战略、"两型"社会建设和国家自主创新示范区建设三大国家发展战略在湖北和武汉城市圈叠加，武汉城市圈的战略地位越发突出。多项国家发展战略体现了国家对武汉城市圈发展潜力的高度认同。

第二节　武汉城市圈科技 金融改革创新方案出台和改革主线

经过研究论证，2015 年 7 月，人民银行会同有关部门联合印发《武汉城市圈科技金融改革创新专项方案》，旨在通过金融改革创新，推动建立与武汉城市圈经济发展水平和中部地区中心城市地位相适应的现代金融体系，探索形成区域金融协调发展的新模式，为武汉城市圈"两型"社会建设和构建促进中部地区崛起重要战略支点提供有力的金融支撑。

《武汉城市圈科技金融改革创新专项方案》提出深化科技金融改革创新试点的八大任务。第一，促进科技与金融融合发展。包括创新建立科技投融资体系，利用现代科技提升金融服务功能，支持东湖国家自主创新示范区推动资本聚集。第二，完善科技金融组织体系。包括大力发展商业性科技金融服务平台，培育科技金融中介服务体系，鼓励金融机构在武汉设立全国性或区域性金融后台运行与服务机构。第三，深化科技金融产品和服务创新。包括创新科技信贷产品和服务模式，推动互联网金融服务创新。第四，拓宽适合科技创新发展的融资渠道。包括拓宽科技企业的多元化融资渠道，稳步推进科技企业债券融资，支持符合条件的科技企业上市融资、再融资和开展并购重组。第五，创新科技金融市场体系。包括加快发展区域产权、股权、技术产权和资源要素市场，加快建立知识产权交易流转市场，创新发展区域性碳排放权交易市场。第六，加快推动科技保险发展。包括支持设立科技保险机构，规范和培育专利保险市场，完善科技保险服务。第七，深化区域科技金融合作。包括推动武汉城市圈和"长、株、潭"城市群、环鄱阳湖城市群开展金融合作，推动武汉城市圈金融一体化，提升武汉科技金融创新的国际化水平。第八，优化金融生态环境。包括全面推进社会信用体系建设，优化区域金融消费权益保护环境，完善风险管控机制。

第三节　武汉城市圈科技金融改革创新做法

一、建立科技金融专业机构，构建科技金融专营平台，设立科技金融专营机制

人民银行武汉分行，银监会湖北监管局、证监会湖北监管局、保监会湖北监管局加强对金融机构执行科技金融政策的窗口指导，督导各金融机构建立科技银行分支行或科技专营机构，为科技金融提供一站式综合金融服务。汉口银行率先建立科技金融专业支行——光谷支行，建立了九项单独的科技金融专营机制。

一是明确科技金融发展战略。成立了科技金融创新委员会和一级科技金融部，作为全行科技金融业务的归口管理部门。科技金融部作为总行一级部室，具体工作职责包括：负责全行科技金融业务营销的推动和指导，负责科技企业客户及合作渠道的营销推广、科创企业投贷联动业务的管理协调，负责全行科技金融产品创新工作的管理、科技金融产品的研发推广，负责权限范围内科技金融授信业务的审查审批、科技金融业务定价的审查管理，负责全行科技企业的认定管理、风险管理工作，负责全行科技金融业务的战略规划、团队建设、统计分析及综合管理等工作。

二是设立科技金融服务中心，搭建一站式科技金融服务平台。2010年汉口银行在武汉光谷设立了科技金融服务中心，专门开辟了一个单独的工作区域，搭建了全国首个"1＋N"一站式科技金融服务平台。汉口银行（即"1"）引导政府、创投公司、券商、担保公司、保险公司、评估公司等各类机构（即"N"）入驻平台，并通过这个平台实现对科技企业"需求的统一受理"和"业务的集中办理"，强化"股权＋债券""融资＋融智"的综合化服务。

三是建立科技金融专属的九项单独机制，完善了科技金融创新发展的配套机制。建立独立的考核激励机制，突出对创新类指标的考核；建立单独的企业准入机制，明确科技企业的认定标准和准入流程；建立单独的信贷审批机制，专设科技信贷审查委员会，开辟科技金融绿色审批通道；建立单独的审贷投票机制，引入科技专家、风投专家等外部委员会参与表决；建立单独的风险容忍机制，提高科技信贷的风险容忍度；建立单独的风险拨备机制，提高科技信贷资产拨备计提比例；建立单独的先行先试机制，赋予科技金融服务中心对创新业务的先行先试权；建立单独的风险定价机制，设立区别于传统定价的风险定价机制；组建单独的科技金融服务团队，搭建专门的科技金融人才培养体系。

通过上述做法，汉口银行已累计服务科技企业1 500余家，其中90%以上为中小企业；累计信贷支持科技企业600余家，累计投放表内外信贷资金超过800亿元。

二、创新科技贷款保证保险，丰富科技金融产品

人民银行武汉分行加强对金融机构执行科技信贷政策的窗口指导，拟定《科技金融信贷政策导向效果评估指引》，从定性和定量两个方面对金融机构科技信贷的投放情况进行政策效果评估，引导金融机构针对科技企业轻资产、重技术的特点，试点推广专利权、商标权、版权、

股权、保单、仓单和订单等动产质押贷款，以及纳税信用贷、科技企业小额贷款保证保险、投贷联动等信贷产品，针对科技企业成长周期开发萌芽贷、三板贷、上市贷、并购贷、补贴贷等信贷产品。

针对科技企业缺乏银行有效担保抵押物而无法申请贷款的制度难题，人民银行武汉分行会同保监会湖北监管局、武汉市东湖新技术开发区管委会制定下发《东湖国家自主创新示范区科技型企业贷款保证保险业务操作指引》，建立了"第三方信用评级＋银行贷款＋保证保险＋政府"的无抵押增信机制，在东湖国家自主创新示范区试点开展科技企业贷款保证保险业务，探索金融支持科技小微企业发展的新路径。在具体运作上，针对科技保证保险具有针对性强、适用抵押品种多、第三方评级公允、政策扶持力度大、操作性强的特点，东湖新技术开发区管委会对获得贷款保证保险的科技企业给予40%的投保费用补贴和50%的信用评级费用补贴，并按基准利率的25%进行贴息，经办保险公司、经办银行和管委会按照5:2:3的比例分担贷款逾期风险。截至2016年9月末，东湖新技术开发区科技企业贷款保证保险业务已累计发放296笔，惠及170多家企业，累计发放贷款金额6.8亿元，贷款余额为2.48亿元，企业贷款综合成本控制在7%左右。

三、建立科技金融专项统计制度及监测监管平台

2016年9月，人民银行武汉分行出台了《关于建立武汉城市圈科技金融专项统计制度的通知》，正式创建科技金融专项统计制度。一是会同省科技厅确定科技企业划分标准，并向城市圈所有34家金融机构发布。二是构建人民银行和科技部门的信息共享机制，建立动态更新的科技企业库。三是搭建覆盖科技企业多元化融资渠道的统计框架，按季度监测科技企业贷款、表外融资、债券融资、股权融资等情况。

四、优化科技金融监管，防范科技金融风险

东湖新技术开发区设立 5 000 万元资金池，吸引银行放大 10 倍信用资金，推动萌芽贷产品，服务创业初期的科技企业；与建设银行各出资 2 000 万元设立资金池，建设银行按照 10 倍放大贷款。

此外，银监会湖北监管局加大针对科技企业的容忍度，提出优化监管激励约束机制，对科技金融市场准入实行"绿色通道"，对科技金融业务实行单独的风险计提标准、不良考核和创新容错（尽职免责）机制。

五、推进科技中小（微）企业信用体系建设

一是探索引入市场机制。2015 年，人民银行武汉分行积极支持东湖企业信用促进会联合示范区内国有控股企业武汉光谷科技金融发展有限公司，共同出资 1 000 万元，设立武汉光谷征信管理有限公司。该公司在地方政府相关政策的扶持下，升级完善东湖企业信用促进会原有信用信息服务平台，以示范区为重点，围绕科技中小（微）企业金融服务创新，开发适应市场发展需要的征信服务产品，以市场化的方式向银行机构、政府部门和社会提供征信服务。

二是深化科技中小（微）企业信用评级结果应用。人民银行武汉分行、东湖企业信用促进会组织第三方信用评级机构，结合科技中小（微）企业的经营特点，量身打造了一套科技中小（微）企业信用评价指标体系。该指标体系更加关注企业的创新能力和发展潜力，在人力资源、技术实力、发明专利等方面探索设立了新指标。根据该指标体系经第三方信用评级机构出具的评级结果，可以供示范区银行贷款审批、企业申请贷款贴息、财政扶持等方面使用。

三是搭建金融信息服务平台。人民银行武汉分行整合人民银行内部国库缴税信息、签发空头支票的行政处罚信息以及外部质监局组织机构代码系统的企业基本信息、科技局高新技术企业信息，于 2016 年 7 月末搭建完成了武汉金融信息服务平台，依托该平台在武汉全面推广纳税信用贷款。

六、拓宽科技金融直接融资渠道

一是健全创投引导基金体系。湖北省设立创投引导基金、长江经济带产业基金和省级股权投资引导基金，通过"市场评价"和"定向、间接、有偿"方式，引导创投参与成果转化。

二是推动债券融资发展。人民银行武汉分行建立了由 7 000 家企业组成的武汉城市圈银行间债券市场融资后备企业库，支持汉口银行争取了 B 类主承销商资格，推动科技企业在银行间债券市场融资。

三是创新引入境外融资渠道。人民银行武汉分行扎实推进湖北省本外币合格境外投资者参与碳排放权交易的各项工作。碳排放权交易中心积极与法国、美国和韩国的相关机构联系，增加交易品种，扩大交易规模。积极推进跨国公司外汇资金集中运营试点扩容，优化"三集中一轧差"政策，简化账户开立要求及外汇收支手续，允许参加试点的跨国公司在比例自律及遵循商业惯例等前提下自行借用外债。

七、编制发布科技金融指数，实时评估科技金融发展状况

武汉科技金融指数由武汉市金融工作局与普华永道联合编制，指数由科技金融资源指数、科技金融发展指数、科技金融创新指数和科技金融风险指数 4 项子指数构成，共计 39 项二级指标，对武汉科技金融的资源环境、发展情况、创新能力和风险监管等进行追踪及综合评价。

第四节 武汉城市圈科技金融改革创新的主要成效

从科技金融发展状况看，2016 年，武汉科技金融 4 项指数总体得分为 4.652 分，接近于上海（7.698 分）和深圳（6.923 分），反映出武汉科技金融发展取得了积极成效。

一、科技金融组织体系日趋完善

截至 2016 年末，共设立了 9 家科技分（支）行和 19 家科技特色支行，设立 13 家主营科技担保的担保机构、15 家主营科技贷款的小额贷款公司，各类科技金融中介服务机构达到 200 家。

二、科技金融支持科技创新力度不断加大

截至 2016 年末，全省银行业金融机构科技企业融资余额达3 311.22 亿元，同比增长 5.92%，贷款余额达 1 672.79 亿元，同比增长3.43%。其中武汉银行业金融机构科技企业融资余额和贷款余额分别为2 827.09 亿元和 1 403.45 亿元，同比分别增长 8.4% 和 5.47%；东湖国家自主创新示范区银行业金融机构科技企业融资余额和贷款余额分别为 836.09 亿元和 432.69 亿元，同比分别增长 22.75% 和 19.56%。从其他融资渠道看，截至 2017 年第一季度，武汉城市圈科技企业通过银行表外贷款以及直接融资等方式新增融资 309.8 亿元，同比多增 233.5 亿元，增长 306%。三丰智能等 9 家企业上市交易，湖北祥源等 23 家企业在"新三板"挂牌。

三、科技金融信用体系建设取得积极进展

截至 2016 年末，示范区企业信用信息数据库已累计征集区内企业各类信用信息数据 239.8 万条，涉及区内企业 4.1 万家，信息征集范围覆盖了区内 90% 以上的中小（微）企业，数据库系统完成了 1 万多家科技中小（微）企业信用评价，为市场化运作奠定了良好基础。

▼ 专栏2

科技金融贷款保证保险

为缓解科技小微企业融资难、融资贵问题，针对科技企业轻资产特征，人民银行武汉分行积极探索"政府＋银行＋保险"的风险分担机制，2013 年 7 月人民银行武汉分行联合保监会湖北监管局、东湖示范区印发《东湖国家自主创新示范区科技型企业贷款保证保险业务操作指引》（武银营发〔2013〕72 号），经过银行、保险公司申报试点，人民银行武汉分行、保监会湖北监管局、东湖示范区共同审核确定试点机构。组织试点银行、保险公司在武汉市东湖示范区开展科技企业贷款保证保险业务。

按照《东湖国家自主创新示范区科技型企业贷款保证保险业务操作指引》的规定，贷款保证保险是指债务人（投保人）根据债权人（被保险人）的要求，请求保险人担保自己的信用风险，并交付保险费。保险标的为投保人的信用风险，被保险人为贷款经办银行。在保险期间内，投保人未能按照与被保险人签订的《借款合同》的约定履行还款义务，致使被保险人受到经济损失的，保险人按照保险合同约定承担相应的赔偿责任。

该操作指引适用于东湖国家自主创新示范区内的科技企业，借款企业需通过示范区企业信用促进会按照示范区信用评价系统对其进行的信用评级，信用评价或评级达到评价 BBB 或评级 BBB 及以上的，推荐给经办银行审核后发放贷款。建立"第三方信用评级＋银行贷款＋保证保险＋政府"模式的科技贷款风险分担机制，对于获得保证保险贷款的科技企业，示范区管委会将给予企业投保费用 40% 的补贴、基准利息 25% 的贴息，对参加信用评级的示范区企业信用促进会会员企业，示范区管委会按照相关管理办法给予企业信用评价或评级费用 50% 的补贴等扶持政策。对于贷款逾期风险，由经办保险公司、经办银行、管委会按 5:2:3 的比例承担。贷款利率最高不超过人民银行公布的同期贷款基准利率的 1.3 倍，不得再收取任何其他费用；贷款期限原则上在 1 年以内，最长不超过 3 年。

在人民银行武汉分行营管部推动下，辖内 10 家银行机构、4 家保险公司参加试点，合作开展科技企业贷款保证保险业务。截至 2016 年末，科技保证保险贷款余额为 3.05 亿元，历年累计发放 7.54 亿元，支持科技企业 300 多家。

▼ 专栏3

科技金融知识产权质押融资

为缓解科技小微企业融资难问题，针对科技企业轻资产、抵押难的特征，人民银行武汉分行营业管理部积极探索专利权质押融资模式。2009 年 5 月，人民银行武汉分行营业管理部联合武汉市知识产权局印发《武汉市专利权质押贷款操作指引》（武银营发〔2009〕75 号），在武汉市组织金融机构开展专利权质押贷款业务。

按照《武汉市专利权质押贷款操作指引》，武汉市知识产权局可应借贷双方的要求办理专利权质押登记，借款人以合法拥有的专利权（指由国家知识产权局依法授予专利权的发明专利、实用新型专利）向贷款人出质取得贷款。专利权的质押期限不超过该专利权的有效期限。专利权质押贷款期限一般不超过一年，特殊情况下不超过二年。武汉市科技局对专利权质押贷款利息给予50%的贴息。

借款人向贷款人提交由借贷双方认同的评估机构出具的关于拟出质的专利权的评价报告，对以实用新型专利权出质的，贷款人可要求借款人提供国家知识产权局出具的关于拟出质的专利权的评价报告。对专利权的市场公允价值、评估值，可由贷款人、出质人（或借款人）组织有资质的评估中介机构进行调查、评估确定。专利权质押贷款金额一般不超过该专利权的市场公允价值或评估值的50%。专利权质押贷款还可寻求其他形式的担保作补充，借款企业法定代表人及其他高级管理人员可以其个人资产为该项贷款提供补充担保，也可寻求专业担保机构提供补充担保支持。

在人民银行武汉分行的组织推动下，辖内银行机构积极开展专利权质押贷款业务。截至2016年末，武汉市知识产权质押贷款余额达11.84亿元，历年累计发放34.58亿元，累计支持科技企业290家。

第六章
农村金融改革试点

第一节 农村金融改革试点概况

一、农村金融改革历史背景

长期以来，中国的"三农"问题较为突出，农民群体和农业企业在发展生产过程中获得的金融支持相对不足，这既有金融发展的自身规律性因素，也有农业产业和农村经济发展的特征局限影响。人民银行牵头在部分地区开展农村金融改革，结合农村地区的经济产业特点，探索农村金融产品和服务方式创新，通过强化信用、支付等金融基础设施，优化政策支持公共服务供给和鼓励金融创新，促进试点地区农村金融服务水平的提高，增强发展动力和能力，同时也为全国农村金融改革创新探索可推广、可复制的经验。试点过程中，人民银行、相关金融监管部门和地方政府根据各地区不同的禀赋、经济金融发展水平、改革诉求以及难点，分类施策，精心组织，通过建机制、扩机构、推配套、打基础、促创新、调结构等多种举措，不少试点地区初步实现了涉农信贷"量增价减"，农村金融服务明显改善。

二、农村金融改革试点总体概况

分类施策，提高措施针对性。根据地区和项目的不同特点，人民银行对试点地区改革项目进行了分类管理和指导。试点改革过程中，人民银行重点抓好改革两端：一端推动现代农业产业和城乡统筹发展，如黑龙江省"两大平原"、吉林省和四川省成都市等；另一端是推动金融普惠"三农"，特别是边远地区和贫困人口，如浙江省丽水市、广西壮族自治区田东县等。

建立机制，提高政策执行力。各试点地区党委政府及主要领导高度重视，建立较为完备的工作机制，包括组织领导、分工方案、督导考核、专项统计、第三方成效评估等方面，有效推动了试点工作的开展。

健全机构，增加供给。壮大农村商业金融组织体系，将引入外部机构和培育本地金融机构相结合，扩大金融机构大额和长期资金的供给能力，形成适度竞争的农村商业金融组织体系；设立准公益性金融服务站便捷服务农民。

完善环境，健全配套。深化农村信用体系建设，改善农村金融生态。建设和完善农村信用体系是提升农民信贷可得性的重要举措，也是改善各地区农村信用环境的重要途径；推广非现金支付，提高农村支付结算服务质量。结算方式多样化的趋势在试点地区逐步形成；提升涉农资产流动性，扩大抵质押品范围。

加大创新，支持结构调整。一是创新支持现代农业发展。试点地区以农业综合示范基地为核心，支持新型城镇化、农田基本建设、水利路网、高标准农田、农业产业化项目、农业物流体系等重点领域。二是创新精准扶贫模式，开发金融产品。各试点地区积极探索适合本地区产业特征的金融精准扶贫模式，金融扶贫迈入新阶段。三是创新货币政策工具，引导信贷资源流向涉农领域。四是加快发展直接融资业务。实施债券和股权等直接融资方式，有效拓宽企业融资渠道。

第二节　浙江省丽水市农村金融改革试点

一、改革背景

丽水市是浙江省面积最大而人口最稀少的地区，又是典型的"九山半水半分田"地区，城乡二元差距大，经济发展水平一直处于浙江省末端，金融资源向周边较发达地区积聚效应更加明显，发展农村普惠金融面临一些突出困难。2012年，为探索农村金融改革路径，人民银行和浙江省政府创新"行省共建"模式，共同发布《丽水市农村金融改革试点总体方案》，围绕"创新农村金融组织体系、丰富农村金融产品体系、强化金融惠农政策体系、健全农村金融市场体系、完善农村金融信用体系、搭建金融服务平台体系、改进农村支付服务体系、优化农村金融生态体系"八个方面开展先行先试。丽水市着力推进"涉农抵押担保体系、农村信用体系、基础金融服务体系"建设，不断推动金融服务向农民、农村延伸和深化。

二、主要改革措施

（一）涉农抵押担保体系建设

丽水市抓住扩大贷款抵押物范围的"牛鼻子"，扎实做好各类权属的确权、登记、颁证工作，为各类农村产权转变为有效抵押担保物创造条件。截至 2016 年末，丽水市已累计发放土地流转经营权证 1 848 本、农村宅基地使用权证 46.1 万本（占比达到 77%）、农村住房所有权证 20.5 万本（占比达到 38%）。农村产权交易平台累计完成农村产权线上公开交易 1 798 宗，成交金额达 3.08 亿元。

上述基础工作带动农村各类产权抵押贷款迅速增长。截至 2017 年第一季度末，全市农房、土地承包经营权抵押贷款余额分别为 39.19 亿元、3.48 亿元，林权抵押贷款余额为 56.45 亿元。

同时，丽水市按照"政府主导、市场运作、规范运行"的原则，全面构建担保体系，有效分担农村金融风险。在担保体系建设方面，丽水市以财政出资和村级担保基金为主体，以组建行业协会和实行商业化运作为补充，已成立政策性涉农融资担保公司 3 家、行业协会担保组织 9 家、商业性担保公司 20 家、村级互助担保组织 177 家。

（二）城乡一体化信用体系建设

丽水市充分发挥政府优势，统一标准，专设机构，专项投入，真正建立起城乡统一的信用信息归集平台。一是初步形成包括金融、社保、国土、环保、农业、林业等 10 个部门的信息共建共享机制。二是有序开展"信用户、信用村（社区）、信用乡（镇、街道）、信用县（市、区）"四信建设。截至 2016 年末，全市已评定信用农户 41.4 万户；创建信用村 962 个，占比达到 35%；创建信用乡 39 个，占比达到 27%；创建信用县 2 个。三是强化信用体系建设成果的市场化运用，引导金融机构全面开展"整体批发、集中授信"的小额农户贷款业务，组织金融机构为全辖 1 946 个行政村开展"整体批发、集中授信"业务，2016 年授信和贷款总额分别达 199 亿元、133 亿元。

目前，丽水市已被纳入"国家农村信用体系建设示范区"。农民信用意识明显提高，邻里乡村关系进一步改善，农村计划生育、治安管理、乡村文明和生态环境建设等社会管理工作得到加强，基层组织的行政地位和社会管理作用明显提升。

（三）农村基础金融服务建设

针对城乡金融服务不均等、物理网点难以全覆盖的问题，丽水市加快支付结算基础设施和平台建设，实现基本金融服务不出村，有力促进了普惠金融发展。

一是实施农村金融服务站标准化工程，完善全市 2 010 家农村金融服务站功能，建成示范性农村金融服务站 204 家。

二是针对当地侨乡、侨汇多的特点，在全国首创村级外币兑换点，全市已建立村级外币兑换点 9 个、社区兑换便利店 4 个、货币兑换公司 1 家，累计办理代兑业务 33.18 万笔，金额达 11.93 亿美元。

三是积极助推农村电子商务发展，推广网上支付业务和手机支付工具，探索农村地区非现金支付渠道。截至 2016 年末，加载了电子商务功能的农村金融服务站达 760 家，行政村覆盖面达到 1/4 以上。

三、改革经验与启示

丽水市农村金融改革试点的基本要求是为广大山区探索出一条可复制、可推广、城乡金融服务均等化的普惠型农村金融发展之路。

一是为农村信用体系建设提供了思路和经验。近年来，丽水市在农村信用体系建设方面，建立了"政府支持、人民银行主导、多方参与、共同受益"的工作模式，较好地解决了农村的银农信息不对称问题。同时，农村信用体系的建立对守信农户起到了正向的激励效果，守信农户可以简化贷款手续，享受随用随贷和利率优惠的政策，对失信农户的逆向约束作用也很明显，此外，还与计划生育、公益事业、治安管理、村规民约等社会管理结合起来，发挥了积极有效的社会管理作用。

二是"整体批发、集中授信"为创新信贷模式提供思路和经验。随着农村信用体系建设不断完善深化，金融机构依托农户信用信息数据库开展"整体批发、集中授信"的农户贷款业务，不仅可以节省物理网点的建设成本，而且简化了贷前调查、资产评估等环节的工作，提高了贷款发放速度，有效地拓展了农村市场。

三是"三权"① 抵押模式为拓展农村抵押担保物提供了思路和经验。丽水市的林权抵押贷款通过建立林权流转平台、森林资源收储中心，实施政策性林木保险和贷款风险补偿防控措施及一整套制度，基本上解决了贷款设计的技术难题。通过分离出林权、土地流转经营权等用益物权，并对其赋予抵押、担保等功能，实现农村产权有效融资且低风险，如果在法律层面等顶层设计中能够确认和保障林权、农民住房财产权、土地流转经营权等这些用益物权，使其具有抵押的合法性、有效性，将会进一步推动农村产权融资突破发展。

四是村级互助担保组织为拓宽农村产权融资提供思路和经验。在丽水市改革实践中，通过设立村级担保组织，以"产权＋村级担保"形式开展农村产权抵押贷款，有效发挥村集体资产可在村内流转、村干部在抵押物资产价值方面信息对称的优势，在规避农村产权抵押贷款法律障碍、解决不良贷款处置难问题方面取得了积极成效。

第三节　成都市农村金融服务综合改革试点

一、改革背景

成都市是全国首批统筹城乡综合配套改革试验区。2009 年以来，在

---

① "三权"是指林权、农村承包土地的经营权和农民住房财产权。

党中央、国务院的正确领导和相关部委的大力支持下，按照国务院批复的总体方案，成都市在建立农村产权制度、城乡统一的公共服务制度以及探索城乡一体化的金融改革等方面积极探索，成效较为显著。当前，中国城乡一体化发展正处于关键期，工业化、信息化、城镇化快速发展对同步推进农业现代化的要求更为紧迫，成都市统筹城乡改革也处于深化期。在成都市实施农村金融服务综合改革，对探索符合新型城镇化和农业现代化要求的金融改革创新，强化农村金融在农业增效、农村发展、农民增收中的积极作用，将起到重要的示范带动效应。2015 年 7 月，人民银行牵头有关部门会同四川省人民政府制定并印发了《成都市农村金融服务综合改革试点方案》。该方案出台过程中，人民银行会同有关部门充分研究，并结合党的十八届三中全会关于推进城乡要素平等交换和公共资源均衡配置的精神，以及新形势下成都市统筹城乡综合改革的发展实际，制定了完善金融组织体系、创新金融产品和服务方式、培育发展多层次资本市场、大力推动农村信用体系、健全配套政策措施五个方面的十九项金融改革任务。

二、主要改革措施

（一）完善农村金融组织体系

2016 年获批成立的新网银行以及天府金融租赁公司均已开业，至 2017 年 2 月末贷款余额分别达 3.7 亿元、5.3 亿元。成都市农发投公司作为第二大股东与全国 10 多家省（市）涉农平台公司发起组建中垦融资租赁股份有限公司，首单 1 700 万元农产品加工设备融资租赁项目在推进当中。

（二）创新农村多元化财产权抵（质）押方式

温江、崇州、郫县开展全国"两权"抵押贷款试点，至 2017 年 2

月末累计发放农村承包土地的经营权抵押贷款 397 笔，共计 102 428 万元，余额达 74 339 万元，发放农民住房财产权抵押贷款 86 笔，共计 27 120 万元，余额达 21 386 万元。创新开展经济林木（竹、果）权、农业生产设施、养殖水面经营权抵押贷款、财政惠农补贴担保贷款、花木仓单质押贷款、农产品仓单质押贷款等新模式。彭州探索完善农产品仓单质押融资业务模式，至 2017 年 2 月末发放贷款 190 万元，通过融资对接达成 1 600 万元贷款意向。温江探索开展农村集体资产股份权能抵押担保贷款，已办理集体资产股份抵押担保贷款 2 笔，金额达 20 万元。

（三）完善担保机制及涉农保险

截至 2017 年 6 月，已设立市、县两级规模共计 16 500 万元的农村产权抵押融资风险基金。崇州就设立村级融资担保互助组织进行了探索，并出资 2 825 万元成立粮食适度规模经营担保基金，定向支持新型农村经营主体。

截至 2017 年 6 月，成都市开办政策性农业保险 21 种，2016 年实现农业保险保费收入 6.16 亿元，提供风险保障超过 450 亿元，实施理赔3.13 亿元，受益农户达 26 万户。2015 年邛崃在全国首创开展农村土地流转履约保证保险，至 2016 年末为 18.2 万亩流转土地提供保障，100 亩以上土地流转的投保率达 90%，先后获《人民日报》等多家媒体报道，在全市 17 个区县推广当中。蒲江探索首创开展农产品气象指数保险——柑橘冻害气象指数保险，首次承保面积 311 亩，保额达 62 万元。

（四）加强农村信用体系建设

全市已建设信用乡镇 117 个、信用村 1 398 个、信用户 50 722 户。2017 年 2 月成都市社会信用体系建设领导小组出台了《关于对失信被执行人实施联合惩戒的合作备忘录》，联合 49 个部门对失信被执行人在特定行业准入、政府支持或补贴、任职资格、荣誉和授信等 11 个方面实行惩戒措施。结合"农贷通"平台建设，以崇州、彭州、都江堰为试点地区探索建设全市统一的"农贷通"融资服务综合信息系统。其中，崇州农村金融服务和信用信息平台上线 6 个月来已采集入库 382 户新型农业经营主体的信用信息，通过平台受理贷款申请 175 笔，发放 145 笔，共计 7068 万元；彭州系统初步建设完成，已发布 10 家金融机构的 50 余个金融产品，采集入库 694 户新型农业经营主体的信用信息，收集各类数据信息 53 万余条。

（五）探索农村普惠金融综合服务

截至 2017 年 2 月末，全辖 4 952 个银行卡助农取款服务点全面实现联网通用和查询、取款、代理缴费、汇款等功能，已创建 23 个助农取款优质服务示范点、3 个示范站。农村地区开通网上银行业务客户达 610 万户，开通手机银行客户达 617 万户。全面开展建设农村金融综合服务站工作，出台农村金融、产权交易、农村电商"三站合一"的村级综合服务站建设规范。各区（市）县至 2 月末已初步建成村级农村金融综合服务站 1 787 个，组织开展多期联络员业务培训，依托服务站开展了金融宣传、融资对接、支付结算等业务。农商银行在全市开通 17 个"惠农微银行"，在助农取款基础上拓展了存折存取款、转账、查询及存折补登等功能，受到农户好评。

（六）健全配套政策措施

一是健全农村产权交易市场。农村产权确权颁证已全面完成。成都市农村产权收储公司挂牌成立，已开展 2 笔 2 490 万元涉农不良债权收储业务。温江引入收储公司建立涉农抵贷资产收储联盟，积极探索市场化处置方式推进"两权"试点工作。二是探索统一的涉农动产融资登记。与成都市发展改革委、经信委等七部门讨论研究成都市落实甘泉行

动计划的工作措施，组织开展应收账款融资业务操作培训。至 2017 年
2 月末，辖内已注册开通应收账款融资服务平台的金融机构用户达 518
户，借款企业用户达 2 215 户，金融机构累计为企业办理了应收账款融
资业务 301 笔，共计 455 亿元。

第四节　广西壮族自治区田东县农村金融改革试点

一、改革背景

田东县位于广西壮族自治区西南部，是全国农村改革试验区、国家
现代农业示范区和国家新一轮扶贫开发综合改革试点县。2008 年 12 月
10 日，吴邦国同志做出"以田东县为试点，破解农村金融服务难题"
的重要批示，由此开启了田东县农村金融改革试点工作的"破冰之
旅"。2016 年，人民银行联合全国人大农委等部门经过认真研究论证，
编制了《田东县农村金融综合改革发展总体规划》，深入实施金融精准
扶贫，有效破解当地村民资金缺、贷款难等问题。

二、主要改革措施

(一) 形成金融扶贫"六大体系"

经过多年探索与实践，田东县以合理配置金融资源为抓手推进金
融精准扶贫，逐渐形成金融扶贫的"六大体系"，以农村金融改革为
切入点，从多个维度、多个层面形成了相互协调、相互支撑的精准扶
贫金融服务模式。

一是建立完善组织机构体系。针对农村金融机构网点覆盖面窄的问题，田东县先后成立北部湾村镇银行、农村资金互助社、小额贷款公司、融资担保公司、农村商业银行、金融综合服务中心、"扶贫资金互助协会"，引进了北部湾财产保险公司、太平洋保险公司等，使银行信贷无法覆盖的贫困农户获得部分发展资金，实现了扶贫资金的循环使用。

二是建立完善农村信用体系。2009 年，田东县启动农村社会信用体系建设，打造"诚信田东"。2016 年末，全县 7.23 万户农户建立信用信息电子档案并实现信用评级，农户信用评级覆盖率达到 86%，182 家农民专业合作社、1 251 家中小微企业被纳入征信体系。

三是建立完善支付结算体系。田东县于 2009 年完成了大小额支付系统乡镇全覆盖，在广西壮族自治区第一个实现"乡镇级金融网点跨行资金汇划乡乡通"，创建了广西壮族自治区第一条银行卡刷卡无障碍街道。截至 2016 年末，实现 ATM 乡镇全覆盖，布放 POS 机 2 011 台，成为全国首个实现转账支付电话"村村通"的县；个人网银、"短信通"等服务方式得到广泛使用，现代化支付方式覆盖所有行政村。

四是建立完善政策性农业保险体系。2016 年，田东县采取全县统保与局部试点相结合的办法开展政策性农业保险工作，共有 13 个险种，其中火龙果、柑橘种植保险为新增险种。田东县探索保险助推金融扶贫新路子，针对全县 2016 年在册建档立卡贫困户，先后开办了扶贫小额贷款保证保险、贫困户家庭财产保险、贫困人口小额人身意外伤害保险。截至 2016 年 12 月末，人保财险田东支公司已承保了 13 276 户贫困户家庭财产保险，保险费达 20.55 万元，承保 52 109 人贫困人口小额人身意外伤害保险，保险费达 52.11 万元。

五是建立完善抵押担保体系。积极推动银担合作机制，成立由财政出资的助农融资担保公司，截至 2016 年末，累计提供融资担保 290 笔，共计 1.83 亿元。截至 2016 年 9 月末，田东县金融综合服务中心累计为田东县小微企业、个体工商户提供融资担保 8.71 亿元。同时，积极拓展农村有效抵押担保物范围，不断探索林权、土地承包经营权、农村房屋所有权抵押贷款，截至 2016 年末，田东县累计发生农村产权抵押贷款 210 笔，共计 5.8 亿元。

六是建立完善村级服务体系。田东县在行政村设立了"三农"金融服务室，将金融知识宣传、信用信息采集、贷款调查、还款催收、保险业务办理等前置到村一级，实现了基层组织建设和金融服务的有机结合，为新时期基层组织建设搭设了新的平台。

（二）建立农村金融与精准扶贫协作机制

从启动金融扶贫工作伊始，田东县就在顶层制度设计层面建立农村金融与精准扶贫的协作机制，全面激活贫困地区发展的内在动力，分步依次解决了贫困户发展的资金难题，激励贫困群众从"要我发展"转变为"我要发展"，探索出一条金融助推脱贫攻坚的新路子。

一是架起信用"桥梁"，让贫困农户获得第一笔发展的资金。田东县的农村信用体系建设，不仅解决了贫困户发展的资金问题，更是为贫困地区和谐乡村建设提供了"正能量"。银行机构充分参考农户的相关经济指标和信用等级，积极调整了以前信息不对称条件下的"不敢贷、不愿贷"等行为，主动增加对贫困地区信用户的贷款投放。

二是推动农村产权改革，让贫困群众得到更多的发展资金。田东县在广西壮族自治区率先推进林权、集体土地所有权、土地承包经营权、集体建设用地使用权、宅基地使用权、农房所有权、小型水利工程产权等确权工作，赋予农民更加明晰的产权，通过市场化运作，促进农村产权和资金的流转，有效盘活农村存量资产。

三是变革农业经营机制，让贫困群众资金的利用效率最大化。针对贫困农民，田东县创新了"新型经营主体＋基地＋农户"的模式，引导贫困农民的土地经营权向新型经营主体流转。贫困村村民以资金或者村集体土地等资产入股，发展股份制合作经济，带动全村贫困户发展。

四是全方位建立风险防控机制，保障资金使用安全。加强金融机构的风险监督和不良贷款处置，通过银保合作开展"小贷款＋小保险"，推出香蕉、芒果等 13 项农业保险，财政出资建立风险补偿基金，金融机构采取更加灵活的风险处置措施。

三、改革经验与启示

（一）有效提升农村金融供给能力

截至 2016 年 12 月末，各项贷款余额由 2008 年的 23.07 亿元增长到 98.53 亿元，年均增幅达 19.9%；涉农贷款余额由 2008 年的 15.37 亿元增长到 72.57 亿元，年均增幅达 21.4%，占全部贷款余额的比重保持在 70% 左右。农村金融改革为农业生产经营提供了有力的资金支持和风险保障，田东县农业总产值由改革前 2008 年的 20.08 亿元增长到 45.29 亿元。

（二）推动金融服务城乡均等化

广大农民群众特别是贫困户获得了贷款的权利和资格。农户贷款覆盖率、贷款满足率分别由 2008 年的 26%、35% 提升到 2016 年的 90%、93% 以上，涉农贷款由 2008 年的 17.11 亿元提高到 2016 年的 72.57 亿元，农村金融知识普及率由 2008 年的 0.2% 提高到 2016 年的 90% 以上。近年来，在金融支持下，田东县通过向村部有效集中、向城镇有效集中"两个有效集中"，推进扶贫移民与新型城镇化融合式发展。

（三）有效促进脱贫攻坚

以农村金融改革为契机，积极推进金融精准扶贫，主动寻求脱贫致富的新路子，加快了田东县贫困农户脱贫致富步伐。2016年田东县各金融机构累计发放金融精准扶贫贷款12.75亿元，比上年同期增加2.66亿元，惠及田东县贫困人口46 504人，金融精准扶贫贷款余额为15.40亿元，占田东县金融机构各项贷款余额的15.63%，当年新增金融精准扶贫贷款5.45亿元，同比增长54.83%。城乡收入比由2009年最高时的4.22:1降到2016年的2.34:1。全县实现脱贫摘帽的行政村有28个，减少贫困人口41 637人，贫困人口降至9 320人，农村贫困发生率降至2.66%。

田东县已初步形成多层次、低成本、广覆盖、适度竞争、商业化运作的破解农村金融扶贫难题的"田东模式"，农村金融与农业、农村经济良性互动发展格局稳步推进。

第五节　黑龙江省"两大平原"金融改革试点

一、改革背景

黑龙江省位于东北边陲，全省地势平坦，耕地相对集中连片，80%的耕地主要分布在三江平原和松嫩平原，适合大面积机械化生产经营，是全国粮食生产第一大省，为保障国家粮食安全作出了重要贡献。2013年6月，国务院批复黑龙江省"两大平原"现代农业综合配套改革试验总体方案，目前，"两大平原"是全国第一个，也是唯一一个现代农业综合配套改革试验区。通过在"两大平原"实施农村金融综合改革，对探索符合现代农业发展要求的金融改革创新能够起到重要的示范作用。2014年5月，人民银行等五部委联合黑龙江省政府出台《黑龙江省"两大平原"现代农业综合配套改革试验金融改革方案》。

二、主要改革措施

（一）构建金融惠农政策体系

发挥信贷资金与财政支农资金的合力。建立"两大平原"涉农贷款利率监测制度，将支农再贷款与涉农贷款利率等指标挂钩，规定以支农再贷款发放涉农贷款的利率不能超过支农再贷款利率3个百分点。运用财政支农专项资金设立风险保证金，农信社按风险保证金放大20倍比例向新型农业经营主体发放贷款，开办粮食补贴质押贷款，对按期还款的种粮大户给予50%贴息。

（二）创新金融业务，推动设立新型涉农金融机构

引导金融机构创新开办融资租赁、信用合作、农资信托等现代金融业务，推动银行机构改制、扩股和引入民间资本。鼓励邮储银行、浦发银行、兴业银行在黑龙江省设立专门支持现代农业和负责涉农金融产品创新研发的农业中心，并在农业主产区设立"三农"业务专营支行。选定部分县域开展资金互助业务试点，创新开办农村合作金融公司和农业租赁金融公司。

（三）优化金融供给结构

支持黑龙江省亿亩高标准农田建设项目，农业发展银行黑龙江省分行投入100亿元信贷资金，对项目主体的贷款由黑龙江北大荒集团总公司统贷统还。对全省115家现代农机合作社示范社、规范社开展金融扶持培育专项工作。落实农机合作社主办行制度，针对每个农机合作社分别确定金融扶持培育责任人、主办金融机构、近两年的工作目标以及具体信贷产品及模式，建立监测评价制度。

（四）创新农村金融产品和服务方式

创新开发"企业+农民合作社+农户"、"企业+家庭农场"等农业产业链服务模式。探索利用"信贷+保险"、融资租赁等金融工具推动农业融资多元化。呼兰区率先开展小额保证保险贷款业务，形成"政府农业发展基金+银行贷款+保险保证+农业经营主体"贷款模式，并向全省推广。引导县域金融机构开展"一县一品"金融创新试点，"两大平原"地区 51个县（市）均推出了各具特色的金融产品或融资模式。

（五）创新担保方式

为有效释放农村资产抵押融资价值，黑龙江省探索将土地承包经营权、国有林权、大型农机具、活体畜禽和农房等各类农村动产、不动产、权益资产纳入抵押担保物范围。

（六）拓宽现代农业融资渠道

2016 年实施黑龙江省非金融企业直接债务融资推动工作，编制黑龙江省银行间市场债券融资宣传手册，组织"两大平原"人民银行系统积极开展宣传推介，建立直接债务融资重点企业培育和储备制度，支持企业利用短期融资券、中期票据、集合票据等工具实现融资。黑龙江省证监局积极推动涉农企业上市和在新三板挂牌，利用多层次资本市场筹集资金。2016 年末，全省 2 家涉农企业发行各类债券融资 127.5 亿元，哈尔滨银行 40 亿元"三农"金融债已经发行。

（七）创新农业保险服务方式

黑龙江阳光农业相互保险公司在农垦庆阳农场创新试点水稻目标价格保险业务，为 5.8 万亩水稻种植提供 6 000 万元保险，有效规避了市场波动风险；在农垦八五四、格球山农场创新试点玉米和大豆气象指数保险，为 9 300 亩农作物提供风险保障保险 249 万元。人保财险在哈尔滨呼兰区创新试点了个人贷款保证保险业务，为百余户农民的 1 400 万元贷款提供保险服务。

（八）构建支农、惠农、便农的"支付绿色通道"

创新和推广专营机构、信贷工厂等服务模式，在具备条件的行政村开展金融服务"村村通"工程，布放农村金融支付自助终端。

（九）加强农村信用体系建设

积极推进信用乡镇、信用村、信用户的评定与创建，鼓励金融机构在信用评定基础上对示范社开展联合授信，增强农民专业合作社的融资能力。推广"克山模式"，加强信用评定与信贷扶持的有效对接，将农民专业合作社等新型农业经营主体纳入农村信用体系建设，多渠道整合社会信用信息。

三、改革成效

（一）涉农信贷投入"量增价降"

截至 2017 年 1 月末，"两大平原"涉农贷款余额为 4 398.7 亿元，较改革前增长 57%。涉农贷款利率为 7.47%，较改革前下降 2.01 个百分点。其中，农户贷款利率为 9.21%，下降 1.26 个百分点；农村企业贷款利率为 5.32%，下降 3.01 个百分点。

（二）现代农村金融组织机构更趋完备

截至 2016 年末，黑龙江省共有银行业金融机构网点 6 661 个，法人机构 104 家，其中，城商行 2 家、农商行 28 家、农村信用社 42 家、村镇银行 22 家；共有小额贷款公司 390 家、融资性担保法人机构 175 家；截至 2016 年 12 月末，有 38 家农村信用社改革为农村商业银行。

（三）新型农业经营主体和农村基础设施项目融资需求得到有效满足

截至 2017 年 1 月末，新型农业经营主体贷款余额为 541.8 亿元，较改革前增长了 28%。各农机合作社主办金融机构与 60 家农机合作社建立授信意向，累计投放资金 3.5 亿元，资金满足率达到 63.6%，较专项工作开展前提高 4.34 个百分点。

（四）农村金融产品创新活力有效释放

截至 2017 年 1 月末，"两大平原"地区 51 个县（市）推出的"一县一品"金融产品创新贷款余额为 661.2 亿元，较 2013 年 12 月末增长 106%，累计受益农户达 62.8 万户，受益企业达 5 180 家。全省农业产业链服务模式贷款余额达 15.07 亿元；全省 8 个县开办农户小额保证保险贷款业务，余额达 8 388 万元，同比增长 74%。

（五）农村资产抵押融资较快增长

截至 2017 年 1 月末，全省活体畜禽抵押贷款业务覆盖 6 个市（地）10 个县（区）的 150 余户养殖经营主体，贷款余额达 3.96 亿元，比年初增长 10.9%。"两大平原"地区多个市（地）开展大型农机具抵押贷款业务，贷款余额达 2.63 亿元。

（六）农村支付服务实现全覆盖

截至 2017 年 2 月末，"两大平原"地区实现基础金融服务在行政村的 100% 覆盖。助农取款服务点数量达到 11 802 个，实现助农取款服务在行政村的 96.76% 覆盖；开通涉农网上银行、手机支付业务，粮食收购资金的非现金结算比率达到 88.53%。

（七）农村金融生态环境明显优化

截至 2017 年 2 月末，"两大平原"地区 252 万户农户建立了信用档案；信用评价良好的农民专业合作组织累计获得贷款 101 亿元，贷款余额为 32 亿元。中征应收账款质押融资平台累计融资成交 495 笔，成交金额达到 384.89 亿元。

第六节　吉林省农村金融综合改革试点

一、改革背景

吉林省作为农业大省，近年来通过积极推动农村土地收益保证贷款、供应链融资等制度和服务创新，在支持农业适度规模经营和提升农户融资可得性方面走在了全国前列。为进一步探索金融支持现代农业和规模经营的有效途径，2015 年 12 月，经国务院批准，人民银行等八部委正式批复吉林省进行农村金融综合改革试点。

二、主要改革措施

（一）搭建"三支柱一市场"物权融资服务体系

针对农村地区物权登记部门不一、流转市场缺乏、信息沟通不畅等关键问题，构建覆盖全省的"金融基础服务、物权增信、信用信息"三大支柱和农村产权交易流转市场的"三支柱一市场"运营体系，补足制约农村要素价值形成的缺失环节。一是构建农村金融基础服务支柱平台。组建了 1 亿元资本规模的农村金融基础服务总公司，围绕白城市、松原市等主要试验地区开展县、乡、村三级物理网点布局，并同步启动农户信用信息采集、金融知识普及、保险等金融产品代理等基础业务。二是构建农村物权增信服务支柱平台。组建了 5 亿元资本规模的省级物权融资服务总公司，逐步实现与市县物权公司股权连接和业务整合，形成跨区域、同标准的物权增信服务平台。三是规划建设农村信用信息支柱平台。依托省信用信息中心，在现有信用信息系统下搭建农村信用信息数据子平台，目前，已初步整合分布在人民银行、公安、民政等部门的农户信用相关信息。继续推进农村信用户、信用村和信用乡建设，已累计评定信用农户 160 余万户、信用村 2 000 余个、信用乡（镇）近 300 个。四是规划全省农村产权流转交易市场建设。正在探索组建省级农村产权综合交易中心，制定统一交易标准、规则，引入先进管理经营及技术系统，并逐步向下铺设分支体系，搭建资源要素合理估值和价值流转的统一网络。

（二）深化土地资源资本化改革创新

一是加快推进"两权"抵押贷款试点。截至 2017 年 3 月末，全省 15 个试点县（市）累计发放农村承包土地的经营权抵押贷款（包含土地收益保证贷款）2.3 万笔，金额达 8.91 亿元。试点地区土地经营权抵押贷款（包含土地收益保证贷款）余额为 8.32 亿元。二是实施土地金融综合改革试点。选择公主岭市范家屯镇作为先期试点地区，在全国率先开展了集土地资源活化、农民公共服务均等化、农业产业现代化于一体的综合集成创新。试点地区共流转土地 1 400 公顷，占试点面积的 28%，实现 4 个村整村流转；农民入股存地 80 户，土地面积达 96 公顷；宅基地复垦面积达 125 公顷，安置农民 1 600 户、4 900 人。

（三）创新培育特色农村金融产品服务模式

针对个体农户、家庭农场、专业合作社等多元主体，聚焦大米、人参、畜牧、食用菌、杂粮、杂豆等特色产业，加快金融产品创新研发，形成了具有吉林省特色的产业化、品牌化、区域化的金融产品服务模式。一是创新培育多元经营主体金融产品。创新研发以"直补资金贷款""农户联保贷款""小额信用贷款"为主的个体农户信贷产品体系。培育了"家庭农场专项贷款""农民合作社专项贷款"等适度规模经营主体贷款品种体系。二是创新培育农业产业链融资类金融产品。针对种植业大户创新"公司＋龙头企业＋农户"模式，针对畜牧业养殖户创新"银行＋畜牧业担保公司＋养殖户"模式，针对人参产业创新"人参加工企业＋参农"订单农业贷款，针对杂粮、杂豆和食用菌产业探索"银行＋市场＋农户""银行＋合作社＋农户"等模式，针对中草药、苗木花卉产业探索"银行＋合作社＋农户""银行＋生产基地＋农户"等模式。

（四）建立健全农村金融风险分担补偿机制

探索财政支农资金金融化运作，运用农业保险、担保、基金、贴息等多种金融手段，合理分散农村金融领域风险，促进金融机构扩大信贷投放。一是拓展了农业保险的广度和深度。2016 全年省级财政新增 1.5 亿元，总计安排了 4.5 亿元资金用于保费补贴。调整五大粮食作物保障系数和多个特色农牧产品险种。二是强化财政资金的信贷风险分担作用。组建了吉林省农业信贷担保公司，实收资本为 23.6 亿元。2016 年共计完成 16 家县域分公司的组建，担保授信金额为 6 220 万元。通过财政引导、地方政府和企业自筹方式设立了总规模 8 亿元的玉米收购贷款信用保证基金，保障玉米市场化收购的资金供应。

（五）优化农村金融生态环境建设

一是改善农村信用环境。截至 2017 年 3 月末，全省累计评定信用农户 164 余万户、信用村 2 000 余个、信用乡（镇）近 300 个。开发"农村信用信息数据库"，包含农户基本信息、生产经营信息等 200 余项指标，已采集 100 余万户农户的信用信息。二是不断提高农村支付结算服务质量。截至 2016 年末，"联银快付"项目完成交易 194 万笔，金额达 1 416 亿元。全省助农取款服务点数量达 13 188 个，金融服务覆盖行政村的比例达 91.39%，办理各种业务 313.29 万笔，金额达 180.38 亿元。2017 年第一季度，"联银快付"项目完成交易 62.7 万笔，金额 382 亿元。截至 2017 年第一季度末，全省助农取款服务点数量达 12 938 个，金融服务覆盖行政村比例达 92.20%，2017 年第一季度办理各种业务 62.15 万笔，金额 18.3 亿元。

三、改革经验与启示

（一）财政支持是动力

农村金融的受众对象获取金融支持的能力较弱，在项目开始阶段尤其需要政府财政的支持和撬动。政府财政支持不仅提高了项目开展的公信力，更重要的是对项目风险的一种补偿。在政府财政补偿的基础上，商业银行才有动力提供金融支持。在龙井和永吉的案例中，政府财政打头阵，后续金融机构才敢给予金融支持。整个项目一旦有序开展走向正轨，依靠项目内生型资源积累也可以促进项目正常运转。

（二）市场需求是基础

商业银行追求利润要有贷可放，农场、农户包括贫困户有贷款需求。这本身提供了市场的基础。无论是以家庭农场为特色的龙井模式、以农户小额需求为特色的阳光村镇银行模式，还是以土地股份合作社为特色的永吉模式，其市场需求都是客观存在的，而且还有一定规模。农村金融无论是产品设计还是政府的项目谋划一定要瞄准市场基础，才能起到"扶上马、送一程"的作用。否则，即使是扶上马，也走不远。

（三）搭建平台是关键

政府在推动农村金融工作过程中，搭建合适平台串联起上下游，从而调动各个参与主体的积极性至关重要。龙井模式中，物权公司成为一个关键平台，把银行、家庭农场、贫困户有效串联起来。永吉模式中，三方出资组建的土地股份合作社是关键平台，把政府、村集体、富裕户、贫困户串联起来。关键平台做好，满盘皆活。

（四）发挥金融机构创造性

商业银行是农村金融的主体，要积极鼓励县域法人机构充分结合当地特点进行产品创新。案例中的阳光村镇银行就充分发挥一级法人的优势，结合当地农村、农户土地的特点主动创造新产品，取得银行与农民双赢的结果。

第七章
普惠金融改革创新试点

第一节　普惠金融改革创新的历史背景

经过改革开放以来三十多年系统的经济建设，我国经济体量快速增长，综合国力显著增强。金融体系建设和金融市场也不断取得新发展。但是作为配置资源的主要手段，我国金融业在总量快速发展的同时，也显露出一些问题。

一是金融资源过分向强势产业、强势行业、强势领域、强势客户集中。社会领域分化严重，"三农"、小微企业，尤其是弱势产业、弱势人群的金融供给仍比较薄弱，金融普惠性问题仍较为突出。二是金融在推动我国经济总量快速增长的同时，对于种种原因形成的贫困地区、贫困人口的作用没有充分显现。如何在我国经济社会发展过程中，充分利用金融体系和金融工具帮助低收入群体脱贫解困，服务于我国全面建设小康社会，显得至关重要。

当前我国对于普惠金融的定义已经形成了共识，即以可负担的成本，有效、全方位地为所有社会成员，特别是城乡中低收入群体、小微企业、偏远地区居民提供适合有效的金融服务。普惠金融的本质是金融服务的公平性，即所有金融服务的需求者，无论贫富，都能获得价格合理、便捷安全的金融服务。显然，发展普惠金融既是我国全面建成小康社会的必然要求，也是助推经济发展方式转型升级、促进金融业可持续均衡发展、增进社会公平和社会和谐的现实需要，而贫困地区、贫困群体则是普惠金融的重点服务对象。积极改善和提升金融服务水平，构建能够满足贫困群众金融需求、推动贫困地区经济社会发展的金融服务体系，增强贫困群众和贫困地区对金融服务的获得感，是对党中央、国务院关于优先发展贫困地区普惠金融任务和要求的有力落实，也是金融精准扶贫的重要举措。

鉴于地域广大，经济、社会和金融服务差异巨大，我国金融管理部门在发展普惠金融过程中，采取了先小范围试点、成熟后再向全国推广的发展战略。迄今为止，人民银行已牵头在河南省兰考县、陕西省宜君县、青海省以及浙江省宁波市开展普惠金融试点。目前，这些试点正在按照试点改革部署有效推进，并已经在信用体系建设、支付便利化、创新政策支持方式、鼓励差异化竞争等方面取得了有效进展。

第二节　河南省兰考县普惠金融改革试点

一、改革背景

兰考县是焦裕禄精神的发源地、习近平总书记第二批党的群众路线教育实践活动联系点，也是全国农业县、经济后发地区的典型代表。近年来，兰考县在完善县域普惠金融服务组织体系、创新金融扶贫服务模式、完善金融基础设施等方面，已经做了大量卓有成效的工作，取得了不少经验，开展普惠金融改革试点的条件日渐成熟。2016年12月，经国务院批准，人民银行、银监会会同有关部门和河南省人民政府正式印发《河南省兰考县普惠金融改革试验区总体方案》，兰考县成为全国第一个国家级普惠金融改革试验区。

二、主要改革措施

（一）夯实基础提升服务能力

一是打造新型信用信息体系。以信贷促就业、创业，实施"信用＋信贷"模式，实现"脱贫能致富、致富能久远"。在社会信用体系框架下，建立与"三农"、小微企业融资相匹配的、与人民银行征信系统相补充的新型信用体系，解决信息不对称、抵押担保物匮乏问题，支持小额信贷普及。协调兰考县政府整合各方资源，叠加社会管理职能，实现县、乡、村三级联动，着力打造"企业非银行信息系统＋农户信用信息系统"。目前，农户信息采集已基本覆盖有创业意愿和资金需求的农户，依托农户信用信息系统，推出无抵押、无担保的产业发展信用贷，率先对脱贫户开展"三类评级"。

二是研发"普惠金融一网通"平台。为提高效率，降低成本，将金融服务拓展到传统物理网点无法覆盖到的区域，兰考县研发推出"普惠金融一网通"平台，以手机终端为依托，以微信公众号为载体，整合人民银行、金融机构、第三方支付、银联等金融资源，为城乡居民提供支付、查询、金融宣传、农技推广等一揽子综合服务，疏通惠农服务的"最后一公里"。该平台得到了河南省委、省政府的充分肯定，截至2017年6月末，兰考县用户已突破3.8万人。

三是完善县域公共金融服务。在人民银行兰考县支行建立全省首个公共金融服务大厅，提供国库、外汇、征信查询等业务，设立全省首个县级再贷款（再贴现）业务窗口。恢复设立兰考县人民币发行库，降低商业银行的调运成本和风险，改善流通货币的券别结构和整洁度。

（二）精准施策支持扶贫脱贫

一是实施"百亿再贷款支农计划"，协调政府设立风险补偿金，先后推出"三位一体"（政府＋银行＋企业）、"四位一体"（政府＋银行＋企业＋保险）、"五位一体"（扶贫再贷款＋地方法人金融机构贷款＋担保基金＋财政贴息＋建档立卡贫困户/扶贫龙头企业）等金融扶贫模式，相关模式在全国农业银行系统推广。

二是依托扶贫信息系统，在兰考县建立"一户一档"精准扶贫金融服务档案，推动发放5万元、3年期、免抵押、免担保的扶贫小额信贷。稳妥推动全国农民住房财产权抵押贷款试点，复制推广"惠民扶贫贴息小额担保贷款"。推出"脱贫路上零风险"保险项目，为全县贫困户提供一揽子保险服务。截至2017年3月27日，兰考县贫困发生率已降至1.27%，该县已宣布脱贫摘帽。

（三）两端发力解决"三农"问题

一端支持农民工市民化。向新型城镇化发力，减轻农民工对农村土地的依赖，从根本上解决农业适度经营规模不足、生产效率不高的问题，为解决"三农"和贫困问题创造条件。另一端支持"三农"现代化。向农村发力，解决农田水利等基础设施建设中长期资金不足的问题。

一是出台金融支持农民工市民化的意见，引导农业银行兰考支行创新推出"安家贷"，支持农民工进城购房，同时正积极探索"创业就业贷"等产品，为农民工在城市"进得去、留得下、过得好"提供全程金融扶持。

二是按照"接得住、用得好、还得上"的思路，协调兰考县组建城投、农投等9家融资平台，强化兰考县承接金融的能力。同时，引导国家开发银行、农业发展银行等金融机构与兰考县签署中长期合作框架协议，主动对接兰考县投融资主体，加大对扶贫攻坚、基础设施建设、棚户区改造的信贷支持。截至2017年6月末，支持PPP中心入库农业农村基础设施项目12个，总投资达102.4亿元。

三、改革成效

兰考县普惠金融改革在普惠金融服务可得性、人民群众对金融服务的获得感、人民群众对金融服务的满意度方面均取得了显著成效。

一是基本建立普惠金融知识普及机制。首批设立20个普惠金融知识宣传站，由兰考县政府组织在每个村选取3名农村金融知识宣讲员，由人民银行郑州中心支行负责为他们开展金融知识集中培训，常态化的金融宣传机制初步搭建完成。

二是初步构建县域新型信用信息体系。截至2017年6月末，录入农户信息9.7万户、企业信息5 708家，并开展三级评级，对3 682户脱贫户发放信用贷款5 108万元。

三是初步实现金融服务"人人全覆盖"。在银行金融机构方面，截至2017年6月末，"普惠金融一网通"兰考县用户关注量已超3.8万人，创新的普惠型金融产品和模式已被农业银行、邮储银行在全国复制推广。在财政保险方面，已推动实施"脱贫路上零风险"，财政出资1 000万元，撬动保险保障金84亿元，惠及全县7万多户贫困户，实现15个小项脱贫保险对贫困户的全覆盖。在资本市场方面，已推动2家企业挂牌新三板，5家企业挂牌中原股权交易中心，规模50亿元的"中证中扶产业扶贫基金"落地兰考县。

四是普惠金融服务站"村村覆盖"工作顺利启动。计划在全县450

个行政村推广，截至 2017 年 6 月末，已建成 37 个。

2017 年 3 月，兰考县普惠金融指数上升至 0.41，在全省 108 个县（市）中的排名由 2015 年末的第 22 位上升至第 2 位，在河南省率先脱贫，实现了向习近平总书记承诺的"三年脱贫"目标。截至 6 月末，兰考县各项贷款余额为 142.9 亿元，较年初增加 25.8 亿元，同比增长 48%，高于全省总体增速 21.2 个百分点。

第三节　青海省普惠金融改革试点

一、改革背景

青海省是中国西部欠发达民族地区，具有地广人稀、多民族聚居、生态价值重要、产业结构单一等特殊省情。2016 年 6 月，在青海省开展普惠金融综合示范区试点工作。试点开展一年以来，青海省综合推进"扶贫普惠、网络普惠、信用普惠、绿色普惠"四大普惠建设，普惠金融服务的覆盖面、可得性、满意度显著提升。

二、主要改革措施

（一）创新金融精准扶贫机制与产品

一是建立金融精准扶贫工作机制。推广到村、到户的"六个一"工作机制，即由扶贫局派一人担任联络员，由主办银行派一人担任服务员，由村干部一人担任协管员，由驻村扶贫第一书记担任指导员，建立一份贫困户精准扶贫金融服务档案，发放一份贫困户特殊信用证；对有发展意愿和项目、有资金需求、有劳动能力、无欠贷欠息的"三有一无"贫困户实行责任清单管理，督导金融机构"一对一"精准对接。

二是建立扶贫贷款风险补偿机制和农村小额贷款保证保险增信机制。对不良扶贫贷款进行风险补偿和保险赔付，至2017年3月末已在全省贫困地区设立5.4亿元的扶贫贷款风险防控资金和各类担保资金，农村小额贷款保证保险支持金融机构发放贷款1 000多万元。

三是创新开发扶贫小额贷款。对符合条件的建档立卡贫困户发放5万元以下、3年期以内、财政全额贴息的"530"贷款，余额达7.3亿元。

▼ **专栏4**

普惠金融助推卡阳村脱贫模式

2015年，青海乡趣卡阳户外旅游度假景区管理有限公司董事长鲍武章担任卡阳村第一书记，成为全省唯一的企业家书记。他通过大力发展特色乡村旅游、村企联营，引导金融机构积极介入项目扶贫、产业扶贫，打造了湟中县精准扶贫样板。

人民银行西宁中心支行通过开展对卡阳村村民走访调查、建档立卡等前期工作，积极助推当地金融机构向44户贫困户发放了"530"扶贫贷款，实现了贷款全覆盖。开办27个农家乐及驴友俱乐部，积极开发登山、攀岩、徒步、花海摄影等活动，增加农民收入。2016年末卡阳村满分通过了省扶贫开发局的考核验收，在短短一年时间使全村44户贫困户全部脱贫摘帽。

(二) 促进普惠金融服务可得性提升

一是惠农金融服务点实现有条件的行政村全覆盖。全省惠农金融服务点达到4 925个，其中海拔4 000米以上地区的服务点有90个，服务点累计办理业务金额达 20 亿元，为百姓节省出行等费用约 1 000万元。

二是加快发展移动金融。选定 18 个重点乡镇开展移动金融进农牧区试点工作，推广手机支付等移动支付手段，全省已发行金融 IC 卡1 537.91 万张，同比增长 54.24%，2017 年第一季度手机银行交易金额同比增长 173.79%，个人网银交易金额同比增长 47.59%。

三是推广"流动金融服务车 + 移动展业设备"的多维度移动金融服务模式。建设银行、农业银行、邮储银行均购置了具有现金结算服务功能的流动金融服务车，邮储银行运用移动展业系统接入的 PAD 终端和外设已覆盖省内所有县级支行，专门为没有条件设立物理网点的地区提供金融服务，将金融服务直接延伸到草原、村庄和农牧民家中。

（三）以社会信用体系建设消除信息不对称

一是深化信用户、信用村（社区）、信用乡（镇）、信用县"四信"工程。从省级层面制定和完善创评配套制度和优惠政策，制定对分支机构信用创评目标责任考核机制和办法，已评定信用县 4 个、信用乡（镇）149 个、信用村 1 740 个、信用户 43.8 万户。

二是构建覆盖建档立卡贫困户、一般农户和新型农业经营主体的信用创评模式。已建立农户信用档案 76.66 万份，贫困信用户创评10.07 万户，为所有建档立卡贫困户建立精准扶贫金融服务档案 13.8万份。

三是细化信用评级和授信。将"一般、良好、优秀"的三级体系细化为十级体系，信用评级越高，授信额度越高，贷款利率越优惠，探索一次授信、循环使用的方式发放小额信用循环贷款。

四是深入开展小微企业信用培植工程。印发《青海省小微企业信用培植工程实施意见》，探索批量化小微信贷模式，小微企业贷款余额达 1 093.98 亿元，同比增长 29.79%。

（四）以绿色金融促协调发展

一是完善绿色金融发展机制。引导金融机构将发展绿色金融作为长期发展战略，将企业环境信息作为发放贷款的重要参考，将绿色信贷纳入分支机构绩效考核及公司金融关键绩效指标（KPI）考核。

二是稳步扩大绿色融资规模。围绕高原特色农牧业、循环经济、新能源、新材料等绿色优势领域，开发"枸杞贷""光伏贷"等具有地方特色的绿色金融产品，加大对绿色产业的信贷投放力度，绿色贷款余额达 1 984.43 亿元，占本外币各项贷款余额的比重达 35.37%。

三是探索开展碳金融实践。在信贷支持绿色发展的基础上，开展光伏发电项目碳排放权交易和三江源碳汇交易。

（五）提升保险覆盖面

一是在服务弱势群体方面实现三个"全国率先"。即率先在全省范围内由商业保险机构经办城乡居民医保服务，率先在全省范围内由政府向商业保险机构购买老年人意外伤害保险，率先在全省范围内由政府向商业保险机构购买计划生育失独家庭人员住院陪护保险。截至 2016 年末，共有 38.51 万老年人投保，占老年人总数的 55%。

二是提高对"三农""三牧"的保障能力。农险可保标的已涵盖小麦、油菜、马铃薯、青稞、枸杞、藏系牛羊、冷水养殖等 21 个品种，参保农牧户增加到 26.8 万户，2016 年农险赔付支出 2.73 亿元，同比增长 92.5%。

三是发挥保险在扶贫攻坚中的稳定器作用。引导保险机构制定商业保险参与扶贫计划，针对建档立卡贫困户潜在的意外伤害、重大疾病等容易导致返贫、致贫的风险，提供精准化保险服务，在西宁市、海西州为近 8 万名建档立卡贫困户提供大病补充保险等服务。

（六）大力发展"金惠工程"

中国金融教育发展基金会与人民银行西宁中心支行、青海省财政厅等部门在青海省合作推进实施"金惠工程"，工程已由首批试点的黄南州4县向全省其他市州全面展开。

一是制定《"金惠工程"实施方案》。将工程项目具体分解落实到责任单位，并明确任务和推进时间表。

二是成立"金惠工程"志愿者队伍。协调地方政府成立以金融系统专家干部为主要成员的一级志愿者队伍，协调市州团委将乡村级共青团支部书记、青年创业致富带头人等纳入二级志愿者队伍。

三是开展"金惠工程"进机关、进军营、进乡村、进社区、进企业、进校园等活动。编印《金融知识普及读本》（汉藏双语版）、《普惠金融100问》、《绿色金融100问》等培训宣教资料，累计开展培训宣教活动百余次，覆盖人群十万余人。

三、改革成效

（一）有效提升普惠金融服务总体水平

农牧区基础金融服务实现全覆盖，解决了农牧民贷款难问题，特别是部分建档立卡贫困户"家庭净资产基本为零、现金流基本为零"的"双零"贷款难问题，广大农牧民群众的金融素养明显提高。截至2017年3月末，个人精准扶贫贷款余额达18.21亿元，同比增长85.67%。

（二）推动青海省绿色产业发展

目前，金融机构支持光伏等绿色产业的力度不断增强，至2017年

3月末，绿色能源贷款余额达817.75亿元，占全部绿色贷款的比重达41.2%。在金融机构的大力支持下，青海省已成为中国光伏并网发电最集中的地区，光伏产业发展居全国领先地位。

（三）夯实普惠金融商业可持续发展的内生动力

通过创新建立"六个一"金融精准扶贫工作机制，协同构建财政、银行、保险参与的普惠金融风险防控体系，探索形成"固定营业网点＋惠农金融服务点＋流动金融服务车＋移动展业设备"的基础金融服务组织体系，普惠金融初步实现了商业可持续。

第四节　陕西省宜君县普惠金融综合示范区改革试点

一、改革背景

陕西省铜川市宜君县是典型的农业县、国家扶贫开发工作重点县、革命老区县，全县贫困人口达11 148人，金融扶贫开发任务尤为重要和艰巨。在宜君县开展普惠金融试点，具有很强的样本意义，也是探索中国广大山区和贫困地区普惠金融发展模式的有益尝试。2016年4月，人民银行启动宜君县农村普惠金融综合示范区改革试点工作。按照"市场主导、政府扶持，创新机制、激发活力，示范先行、全面覆盖，防范风险、持续发展"的原则，试点地区搭建了地方政府、人民银行、金融机构"三方共建"的工作机制，初步形成"金融服务创新＋金融知识扫盲＋便捷基础设施"的农村普惠金融的"宜君模式"。

二、主要改革措施

（一）创新普惠金融服务体系

一是以信用重建破解贫困户融资瓶颈。设立"宜君县农户综合信用信息中心"，形成农户综合信用信息数据库，对贫困户进行显著贫困标识，筛选确定失信贫困户，针对不同情况实施差别化信贷措施。对有不良征信记录但贷款已还清的贫困户，运用扶贫再贷款引导金融机构发放信用贷款；针对贷款无法归还的贫困户，运用扶贫担保基金提供担保，使贫困户享受到机会均等的融资服务。截至 2017 年 5 月末，全县已为 1 100 户信用重建农户发放 4 800 万元贷款，其中为 542 户信用重建贫困户发放 1 743 万元贷款。

二是强化政策引导金融机构增加信贷供给。发挥货币政策工具的引导作用，截至 2017 年 5 月末，发放扶贫再贷款 2.5 亿元，带动金融机构加大对产业脱贫的信贷支持；通过 9.3 亿元抵押补充贷款引导国家开发银行、农业发展银行支持当地基础设施建设。加强货币政策、财政政策的协调，政府建立 1 000 万元产业扶贫贷款担保基金，探索财政资金撬动、信贷资金支持的金融扶贫模式。

三是创新金融产品满足农村各类经济主体需求。按照"接地气、服水土"的原则，指导金融机构推出"苹果贷""核桃贷""脱贫贷"等 20 多种信贷产品，满足地方特色产业发展的资金需求。截至 2017 年 5 月末，新增涉农贷款占比为 42.86%，小微企业、农户信贷需求满足率均达到 95% 以上，新增贷款平均利率较试点前下降 2.87 个百分点，实现信贷量增价减。加大保险产品创新力度，实现"一元民生保险"和小麦、玉米等主要农作物政策性保险全覆盖，截至 2017 年第一季度末，农业保险普及率较试点前提升 86%。

▼ **专栏5**

乡村金融综合服务站方便农户办理业务

宜君县哭泉镇淌泥河村村民王德亮现年42岁，系建档立卡农户。由于家离信用社较远不便，多年来王德亮很少与银行打交道，也几乎未办理过银行业务。淌泥河村综合金融服务站建成后，王德亮在宜君农村信用联社工作人员驻站办理业务时走进服务站，在了解服务站作用及相关信贷业务后，主动提出想申请贷款用于发展生产。工作人员根据其评级授信情况在服务站为其办理了相关手续，2周后王德亮在服务站拿到了授信5万元的家乐卡。随后10月，正值玉米抢收阶段，王德亮看到商机，决定用贷款购买一台收割机，帮助村民收玉米以增加收入，他再次来到服务站，在工作人员的帮助下使用助农取款E终端成功办理家乐卡放款业务，支取农户小额贷款3万元购买了收割机，开始了红红火火的收割工作。

（二）实施金融扫盲"六个一"工程

一是围绕"一条主线"，即以提高农户金融素养、增强农户使用金融工具的意愿和能力为主线；二是实施"一个规划"，即实施金融教育发展规划，着力构建科学完善的教育体系；三是建设"一批基地"，即采取总分站"1＋N"方式，建立覆盖全部行政村的"普惠金融教育培训基地"，金融机构以"专人包点定时"的方式面向村组群众开展金融帮教活动；四是编制"一套读本"，即根据不同受众群体，编制干部、农户和中学生三个版本的普惠金融读本，并配合推进三个层面的培训；五是培养"一支队伍"，即以"金惠工程"为依托，组建340人的志愿者队伍，形成基层金融知识宣教的骨干力量；六是开展"一系列活动"，即采取"宣传＋培训＋体验"的宣教方式，通过开设宣传专栏、编制漫画、举办文艺巡演等形式，将金融知识渗透到老百姓的日常生活中。截至2017年第一季度末，共开展宣教活动36次，宣传培训2.3万人次，实现了金融宣教县、乡、村三级全覆盖，农户和基层干部受训超过30%。首批在宜君县3所试点中学开设了金融知识普及课程。通过金融知识的普及教育，广大群众的金融意识和维权意识普遍增强，参与金融活动、运用现代金融工具的能力显著提升。截至2017年第一季度末，人均非现金支付笔数较试点前增长22.89%。

（三）打造便捷金融服务设施

一是农村信用社设立"绿色信贷标准化网点"，实现对农户和残疾人等特殊群体信贷的"一站式"便捷办理。

二是按照"五站统建、五员一体"的总体思路，采取集"农村金融服务站、农村电商服务站、农村商超服务站、农村物流服务站、信息采集服务站"为一体，集"金融服务员、网络推销员、产品销售员、物流配送员、信息采集员"为一人的模式，积极建设相对固定的普惠金融综合服务站，具有金融服务功能的金融站点实现了行政村全覆盖，建成了"基础金融不出村、综合金融不出乡镇"的基础设施实体网络。

三是大力推进"移动金融"，通过优化支付环境、推广使用移动金融工具、开通4辆银行流动服务车等措施，不断拓展金融服务渠道，创新金融服务工具和服务模式。截至2017年第一季度末，宜君县智能终端设备村级覆盖率达到100%，ATM、POS机具布放数量分别增长25%、16%，电子银行开通率增长115.8%，人均移动支付开通量增长213.1%，农村地区金融服务的可得性、便利性极大提升。

三、改革成效

（一）县域信贷可获得性显著提升

截至 2017 年 5 月末，宜君县人民币各项贷款余额达 12.1 亿元，比试点前增长 42.86%，分别高出全国、全省 28.17 个和 29.75 个百分点；农户申请贷款获得率达 96%，建档立卡贫困户申请贷款获得率达 99.01%，小微企业贷款余额较试点前增长 89.35%。

（二）县域金融组织体系日益健全

试点以来，县域金融组织机构不断健全，农业发展银行作为政策性银行率先在宜君县设立分支机构，蚂蚁金融服务等新兴互联网金融业态在宜君县开展业务，村镇银行设立、农村信用社改制等积极推进。金融机构的经营状况不断改善。以宜君县农村信用联社为例，2016 年各项贷款余额达 9.6 亿元，占全县市场份额的 81%，实现盈利 454 万元，居全市各联社首位。

（三）"宜君指数"明显增长

为全面、直观地反映试点推进效果，在人民银行建立的中国普惠金融指标体系框架下，探索建立了包含 34 项指标的农村普惠金融评估体系，即"宜君指数"。据评估，截至 2017 年第一季度末，"宜君指数"已由试点前的 19.56 上升至 41.68。

（四）经济发展持续向好

试点一年来，随着普惠金融政策措施的落地，金融对县域经济发展的贡献度不断提升，带动宜君县主要经济指标持续向好。截至 2017 年第一季度，宜君县实现地区生产总值 6.55 亿元，同比增长 6.2%，增速跃居全市各区县首位，有力地助推了宜君县脱贫攻坚和经济的稳步发展。

第五节　浙江省宁波市普惠金融改革试点

一、改革背景

宁波市是中国经济发达地区，之所以在宁波市开展普惠金融试点，主要出于两方面考虑：一是解决金融发展过程中的不均衡问题。宁波市的金融发展水平在全国来看虽然不低，但山区、海岛等偏远地区的基础金融服务仍存在不足，对小微企业和农民的金融服务水平亟待提升，金融服务的覆盖面、可得性、满意度都有待提高。二是通过先行先试与路径探索积累经验。宁波市具备了发展更高水平普惠金融的良好条件，通过试点可以探索契合宁波市特色的普惠金融发展路径，为其他地区提供可复制、可推广的经验。

二、主要改革措施

（一）科技利民

一是建成同城票据电子交换系统。在全国率先将支付密码技术引入票据业务，实现资金传输和处理电子化，解决了票据真伪鉴别问题，并大幅度提升了票据清算速度。该系统及衍生的付费通（公用事业缴费）、个人跨行通存通兑（跨行资金转移）业务所构建的"三个一体化"模式（城乡服务一体化、对公对私一体化和本外币服务一体化），有力支撑了助农金融服务点和遍布城乡的 2 000 余家银行网点的普惠金融服务供给。

二是搭建普惠金融服务平台。搭建金融 IC 卡多应用平台，该平台为金融机构、第三方行业单位等提供基于金融 IC 卡应用的多元化金融服务；搭建移动金融公共服务平台，该平台和金融 IC 卡多应用平台一脉相承，顺应了金融服务互联网化、移动化的趋势，该平台上联国家移动金融平台，下接金融 IC 卡多应用平台，背靠同城清算系统，为移动金融创新提供了坚实的技术平台。

（二）信用立民

一是打造普惠金融信用信息服务平台。该平台的目标是成为宁波地区最有影响力的社会信用体系基础设施之一。截至 2017 年 5 月末，普惠金融信用信息服务平台已采集 21 类信用信息 3.2 亿条，日查询达 7 000 多笔，并实现了与宁波市公共信用信息服务平台等主体的数据交换。

二是开发农户信用档案信息移动 APP。该应用按照移动金融标准开发，解决农户信用信息更新维护难问题。广大农民借助移动终端，可以自行申报、查询和更新信用档案。另外，农户也可以查看银行产品信息、提出融资请求等，实现农户和金融机构的双向互动，强化农户在农村信用体系建设中的主体意识和参与度。

（三）支付便民

一是推进金融 IC 卡在多领域的应用。采用金融 IC 卡标准制定市民卡，实现一卡在辖区城乡公交、地铁、公共自行车、停车场、医院、校园、菜场等领域通用，并吸引了工会、医疗、民政等部门共同参与推广，成为国内银行卡整合行业应用的典范。

二是推动线上线下服务融合。打造以移动金融为有效载体、线上线下互动创新的金融和生活服务新模式，重点发展线上购买服务、线下直接体验的移动金融新应用，提升消费安全性与便捷度。

三是推广数字技术在农村地区的应用。以助农金融服务点为载体，加强农村地区金融创新工具的宣传教育和业务咨询，着力解决数字普惠金融发展中的"数字鸿沟"问题。

（四）安全护民

一是建立风险防控机制。强化助农金融服务点的运营管理，从制度、流程等方面加强风险防控，注重加强对助农金融服务点工作人员的金融业务培训；对数字普惠金融的技术风险，以高标准的技术手段和差异化的管控措施进行防范。

二是建立试点技术保障机制。采用国家认可的技术标准，并经过专业安全检测认证，以及妥善的预防措施，保证票据电子交换系统、移动金融公共服务平台等重要基础设施顺利上线。依托宁波市作为全国首批移动金融试点城市的基础优势，推广移动安全终端近70万部，提升市民使用移动金融服务的安全性。

（五）权益惠民

一是普及金融知识教育。在"3·15""金融知识普及月"等集中性宣传活动中，分7个专题对不同重点人群开展针对性宣传。推动"金融普惠 校园启蒙"国民金融素质教育提升工程，在部分小学开设金融教育课程，并已逐步推广到县域小学。

二是强化金融消费权益保护。建立起金融消费权益保护多部门协作会商机制，成立宁波市金融消费纠纷人民调解委员会，已成功调解了19起金融消费纠纷案件。以助农金融服务点为载体完善农村金融消费权益保护工作体系，建立工作站2 500余个，覆盖了全辖所有行政村，并均已实现投诉处理、宣传教育和业务咨询等功能。

三、改革成效

（一）形成了多方参与创新的格局

得益于开放的普惠金融基础平台支撑和合作共赢的市场机制保障，辖区金融机构的金融创新热情高涨。金融IC卡多应用平台和移动金融公共服务平台接入发卡银行24家。共有64家银行、小额贷款公司、保险公司接入普惠金融信用信息服务平台，多渠道提供信用基础数据，分享信用体系建设成果。

（二）显著降低了成本

在宁波市的海岛、山区等偏远地区推广手机信贷产品，任何时间都能通过手机完成贷款申办、还款和转账，实际用款成本较传统渠道节省至少30％，手机信贷产品深受长年出海作业、只能利用手机办理业务的渔民以及贷款需求频繁、资金成本敏感的小微企业主欢迎。2017年第一季度新增的安全手机信贷交易金额达118亿元，其中用于"支农、支小"的金额达31.7亿元，为2016年全年完成量（36亿元）的88％。

（三）信用信息覆盖面显著提高

农户信用档案建设移动化创新，帮助农户通过手机随时实现信用的报送、查询和更新。以宁波市最为偏远、海岛遍布的象山县为例，截至2017年3月末，该县90.2％的农户已完成信用建档，农户贷款的户数超过5万户，农户贷款覆盖率达到42％。

（四）金融服务便利性明显改善

助农金融服务点覆盖宁波市辖区所有行政村，实现农村基础金融服务全覆盖，且均可以完成余额查询、小额取款、小额存款、小额转账等支付服务，还可提供涵盖水、电、煤、气等公用事业缴费等的增值服务，偏远地区农民的金融服务便利性大大提升。2016 年全市建成了 13 个"电子支付应用示范村"，全辖农村移动支付笔数达到 7 786.21 万笔，较上年增长了 49.3%。

（五）重点人群满意度不断提升

对宁海县长街镇 15 503 户农户进行了全样本调查，逐户建档立卡，并针对需求改进服务。如为化解审贷对农户的排斥，引导银行发展小额信用贷款；为满足水产品支付交易中的便捷性需求，推广手机支付；对于农民金融需求盲点，针对性开展知识普及，建立了 2 000 余个农村金融消费权益保护服务站；成立了宁波市金融消费纠纷人民调解委员会，成功调解 19 起纠纷，加强弱势群体的金融消费权益保护，重点人群的满意度不断提升。

第八章
服务实体经济改革试点

人民银行牢牢把握金融服务实体经济的本质要求，努力为实体经济发展营造良好的货币金融环境，并通过开展区域金融改革试点，先行先试，积极探索总结金融服务实体经济方面的可复制、可推广经验。其中，浙江省台州市、福建省泉州市、江苏省泰州市分别以小微金融服务改革、金融服务实体经济改革和金融支持产业转型升级改革为突破口，在服务实体经济方面取得了较为突出的成效。

第一节　浙江省台州市小微金融服务改革

2015 年 12 月 2 日，国务院常务会议决定建设浙江省台州市小微企业金融服务改革创新试验区（以下简称台州小微金改试验区），这是国务院在小微企业金融服务改革创新方面的重大战略举措。

一、改革背景

之所以选择在浙江省台州市开展小微金融改革试点，主要是台州市的经济主体以民营小微企业为主，丰富的小微企业金融服务经验能为探索解决小微企业融资难、融资贵问题提供良好的基础。

（一）民营、小微企业、制造业为主的经济结构为试点提供了优良的环境

台州市地处浙江省中部沿海，北接宁波市、绍兴市，南连温州市。台州市以民营企业为经济主体，民营经济占比超过90%，作为长三角地区重要的制造业基地，台州市形成了汽摩配、医药化工、家用电器、塑料模具、缝纫设备等支柱产业，国家级工业生产基地有49个，吉利汽车、钱江摩托、海正药业、苏泊尔、爱仕达等都是世界著名企业，中小板上市企业数在全国地级市中名列前茅。

在经济发展过程中，台州市始终坚持市场化、民营化导向，是中国股份合作制的发源地，是全国第一家民营汽车制造企业（吉利）的诞生地。甬台温高速是全国第一条民间集资修建的股份制高速公路。借助体制机制的先发优势，自改革开放以来，台州市经济形成了以民营经济为主导加政府推动的重要特征。

（二）走在全国前列的小微企业金融服务经验和模式是试点的基础

台州市是民营企业的先行地区。多年来，台州市积极探索小微企业金融改革创新，创出了特色鲜明、在全国有广泛影响的金融支持小微企业的"台州经验"和"台州小微金融品牌"，得到了时任国务院总理温家宝等中央领导同志的充分肯定，在业内有着"小微金融全国看浙江，浙江看台州"的说法。

一是具备了全国领先的小微企业金融服务水平。截至2015年11月末，全市小微企业贷款占全部贷款的比重为48.03%，比全国、全省分别高出22.57个和10.09个百分点，连续六年实现"两个不低于"目标。二是具备了多元化的小微企业金融服务格局。全市已设立

小微企业金融服务专营机构221家、社区银行73家。积极推动3家城市商业银行（台州市是全国唯一拥有3家民营城市商业银行的地级市）专注、专业服务小微企业。全市形成了国有银行服务大中型企业、股份制银行服务中小企业、城市商业银行及小微金融专营机构专注服务小微企业的多层次金融组织体系。三是形成了独具特色的小微企业金融服务模式。台州市3家城市商业银行做精做专小微企业金融服务，设立200多家辖外分支机构，"三看、三不看""三品三表"等商业模式在全国具有广泛影响，并在近20个省市实现成功复制。国有银行、股份制商业银行通过在全国率先实行小微企业贷款管理办法、推广小微企业"信贷工厂"等，形成了一套大中型银行支持小微企业较为成熟的模式。四是形成了优良的小微企业金融服务发展环境。截至2015年11月末，全市银行业金融机构不良贷款率为1.82%，低于全省0.71个百分点，不良贷款总额仅为98.67亿元，全市关注类贷款仅为102亿元，占全部贷款的1.89%，上述两项指标均在全省领先。

此外，在2015年国务院批准建立台州小微金改试验区之前，浙江省早在2012年末便批准台州市建立了浙江省小微金改试验区①，部分改革创新项目，比如信用信息共享平台、信保基金等已取得了阶段性成果，这也为台州小微金改试验区的建设打下了坚实的基础。

（三）探索缓解小微企业融资难、融资贵问题的经验是改革主线

缓解小微企业融资难、融资贵问题是促进小微企业发展的重中之重。而小微企业融资难、融资贵问题在中国的现实原因主要有以下几个方面：一是小微企业面临提质升级问题。二是银行与小微企业之间存在更为突出的信息不对称问题。三是在小微企业基本抵押不足、贷款缺乏

---

① 2015年批准建立的为国家级试验区，2012年批准建立的为省级试验区。

担保的背景下，存在互保链风险问题。四是小微企业金融服务体系与面大量广的小微企业不能进一步匹配。五是小法人金融机构资金来源不足，其服务小微企业能力和对外辐射示范能力受到严重制约。六是国有银行、股份制银行在现有架构下有待进一步激发小微企业的主动性与活力。七是小微企业过度依赖银行融资，直接融资与间接融资不平衡。台州市小微企业金融服务走在全国前列，也已积累了丰富的经验，但上述问题也依然存在，这也成为台州小微金改试验区的主要改革和突破方向。

二、主要改革措施及成效

试点一年多来，台州市按照人民银行等七部委发布的试验区总体方案，围绕"信用增进、精准服务、创新支撑"，以服务实体经济为目的，积极探索破解小微企业金融服务难题，试验区建设的主要做法可以概括为，以九大创新做法破解九大难题。

（一）以金融服务信用信息共享平台为抓手，破解银企之间信息不对称问题

建立信用信息共享平台，将市场监管、国税、地税、法院、房管、国土等 14 个部门 78 个大类 600 多个细项，且覆盖 61 万家市场主体的 7041 万条信用信息进行整合汇集①，并免费提供给银行使用。进一步研发信用评价、预警分析功能，实现信用评分趋势和排名展示、预警企业名单推送，为银行贷款授信提供深度参考。截至 2017 年 3 月末，台州市辖内银行已查询用户 2 203 个，累计查询量达 324 万次，信用信息查询被银行列为贷前调查、贷中审批和贷后管理的必经环

---

① 数据截至 2017 年 3 月。

节。同时，该平台还成为银行筛选优质客户的重要来源，有效降低了银行获客成本，从而让小微企业节约融资成本、缩短融资时间。

▼ **专栏6**

台州市打造信用信息共享平台缓解小微企业融资难、融资贵问题

为缓解小微企业融资难、融资贵问题，台州市于2014年7月建立了金融服务信用信息共享平台。该平台整合了14个部门的信息，在设计理念、功能构建上独具特色，并以机制、技术双支撑确保数据及时更新和平台可持续运作，实际查询量大、利用率高。其经验做法具有较高的复制推广价值。

一、主要做法

一是搭建完善的主体架构保证系统的专业性和扩展性。平台定位于金融服务，以管用、实用、有效为原则，设计上以"一平台、四系统、三关联"为主体架构，分设基本信息、综合服务、评价与培育、风险预警与诊断4个子系统，在投资、融资、企业法人与企业等方面实现关联。

二是信息征集紧扣实际需求提高大数据的价值密度。平台立足于金融机构实际需求，筛选有利于金融机构经营与风险甄别的信息，确定信息采集重点与范围，征集金融、法院、公安、税务等14个部门78个大类600多个细项信用信息。

三是机制、技术双支撑确保平台数据持续更新。在机制上，市政府主要领导高度重视并多次作出指示，分管副市长组织召开数十次协调会，政府建立强有力的考核、通报、督查及评价机制，促使各部门的信息采集、更新、共享渠道畅通，并成立台州市金融服务信用信息中心专门负责平台的日常运营维护。在技术上，采用双网布控、双

网服务的系统布局，即将平台同时布控在政务外网与金融局域网上，通过政务外网并凭借信息交换前置机实现数据自动采集、为政府部门提供服务，通过金融局域网实现信用查询、为金融机构提供服务。

四是以实用性为主要目标构建高效功能体系。平台重视信息整合与用户体验，主要功能包括：（1）信用立方功能，实现融资关联、投资关联、企业法人与企业关联。（2）正负面信息功能，以单家企业为归口整合企业及其法人代表的正面与负面信息，有效、准确地判断企业情况。（3）不良企业名录库功能，将全部存有不良信息的企业进行归集，从整体把握分地区、行业、机构的不良情况。（4）"培育池"功能，构建企业金融、科技等综合培育池，建立宏观政策、产业政策、金融政策等综合的培育体系。同时，平台二期企业信用评分、评级及预警功能已完成开发并上线。

二、主要成效

一是破解信息不对称问题，提升小微企业金融服务效率。至2016年末，平台征集5 933万多条信用信息，覆盖了全市近60万多家市场主体，共查询用户2 114个，累计查询量达289万笔次。调查显示，台州市平均95%以上的小微企业贷款在发放前查询过该平台，发放单笔贷款的时间平均缩短60%~70%。

二是破解获客成本高问题，降低小微企业贷款负担。调查显示，台州市辖内对潜在小微企业客户的贷前调查平均耗时约为20小时，直接成本约为400元，而借助平台，这个成本几乎为零，这也为银行、企业降成本提供了空间，信用保证基金通过平台查询推荐的客户贷款的年化综合成本较普通贷款低2~3个百分点。

三是引导企业珍爱信用，形成"信用好—易贷款—更重信用"的良性循环。平台动态记录了企业的经营、信用等情况，多数银行根据平台信用数据实行差别化信贷政策，对于信用较好的企业普遍下浮利率 3% ~ 15%，促使企业更重视自身信用，强化信用管理。台州市信用综合指数在全国 259 个地级市中排名第 3。

四是辅助识别预警金融风险，降低不良贷款率。平台可以动态识别、预警金融风险，从而提高了贷后管理效率。据不完全统计，台州银行等 5 家金融机构通过平台进行风险预警，避免了多起不良贷款的产生，2016 年末，台州市不良贷款率为 1.32%，低于全国 0.42 个百分点。

（二）以商标专用权质押融资平台为抓手，破解小微企业抵押物不足问题

2016 年 6 月，国家工商总局在台州市召开注册商标质押融资工作经验交流会，推广台州市的经验和做法。国家工商总局开通台州市受理点数据专线，企业商标质押缩短至 5 个工作日，真正打通质押登记环节瓶颈。截至 2017 年 3 月末，累计办理质押融资 738 件，质押金额达 66.23 亿元，发放贷款 32.87 亿元。积极筹建"商标转让交易平台"，探索建立"立足台州、链接北京、面向全国"和线上线下联动的交易模式。此外，积极深化开展应收账款、股权、排污权、专利权、海域使用权、承包土地经营权等各类权利质押融资。

（三）以小微企业信用保证基金为抓手，破解小微企业融资担保难问题

采取"政府出资为主、银行捐资为辅"的方式，设立了首个小微企业信用保证基金，并以省、市共建方式，开展信用保证基金的扩容，将基金规模从 5 亿元扩至 15 亿元，可为小微企业提供 150 亿元的增信担保；进一步扩大区域覆盖面，在下辖县（市、区）设立分中心；将合作银行扩至市域所有银行。截至 2017 年 3 月末，信用保证基金已累计开立保函 4 434 份，为小微企业及个人提供 64.9 亿元的授信担保，

在保余额达 35.86 亿元。同时，基金年担保费率控制在 0.75% 以内（大大低于 2% ~3% 的市场担保费率），且不附加收取额外费用或增加第三方担保，有效破解小微企业"融资难、融资贵""担保难、担保累""互保、联保风险大"等问题。

▼ 专栏7

台州市通过信用保证基金缓解小微企业融资缺乏抵押品问题

小微企业在融资过程中普遍存在缺乏抵押品的问题，在经济上行周期，互保、联保能较好地缓解这一问题，但在经济下周期，担保链风险的集中爆发又会影响区域金融稳定，为解决这一问题，台州市借鉴台湾经验，采取"政府出资为主、银行捐资为辅"的方式，成立了首个小微企业信用保证基金，在为小微企业增信的同时，较好地化解了担保链风险问题，诸多企业开始主动脱离"互保"，通过信用保证基金担保进行融资。

本专栏以临海市兴合工艺品有限公司（以下简称兴合）为典型案例，介绍台州市如何通过信用保证基金缓解小微企业融资缺乏抵押品问题。兴合是台州市小微企业的典型代表，创办于 2007 年，主营业务为编藤类家具的外贸销售，是当地典型的休闲用品制造企业，近两年的主营业务收入约为 4 600 万元（约合 700 多万美元）。在过硬的产品质量的支撑下，公司于 2016 年下半年正式进入美国高端休闲用品销售市场。

在发展过程中，作为一个小微企业，兴合遭遇了融资难问题，主要是由于不愿互保又缺乏抵押品。兴合的厂房为租赁性质，故银行融资以保证及信用形式为主。2014 年公司曾出现代偿，当时给公司造成巨大打击。此后公司对互保融资强烈抵触，而休闲用品制造行业

正常生产运营所需资金较大，且公司的规模不足以在银行获得充足的信用授信额度，这导致兴合自2014年起面临融资困难。

面对这一问题，台州市通过信用保证基金担保，帮助兴合连续取得低成本融资，实现"银、政、企"三方共赢。2016年9月，台州市小微企业信用保证基金运行中心临海分中心首次为兴合提供担保，兴合在浙商银行台州临海支行融资200万元，贷款利率为5.8‰。每年末为休闲用品的销售生产旺季，兴合的短期资金缺口放大，信用保证基金合作银行通过多次走访，充分了解兴合的实际经营及融资情况，在2017年1月再一次向信用保证基金申请增加承保额度至400万元，及时地覆盖了公司短期资金缺口。通过信用保证基金不仅有效地解决了企业融资难、融资贵的问题，同时也为银行提供了风险共担机制，达到"银、政、企"三方共赢的局面。

（四）通过创新互联网技术运用，破解小微企业金融服务效率低的问题

推动传统软信息获取及处理方式与互联网技术融合，例如，泰隆银行在传统"三品三表"基础上，通过"三化"（即数据化、模型化、标准化）方式改造信贷技术；台州银行与美国小微贷评分模型专家合作开发信用风险内部评级系统，实现在线快速授信。推动银行与互联网企业跨界合作，引进大数据公司云贷365总部进驻台州市并与多家银行合作。利用互联网技术提升服务体验。例如，泰隆银行推出全国小微企业智能地图，实施网格化、个性化服务策略；台州银行开发了基于移动联网技术的"移动工作站"，荣获"2016年中国金融行业最佳创新项目奖"。

（五）通过创新产品和服务流程，破解特色差异金融服务需求的问题

完善小微企业信贷产品信息查询平台，汇集台州市辖内银行 273 款小微企业贷款特色产品，为小微企业提供一站式的信贷产品查询服务。大力推进还款方式创新，全市银行业金融机构推出还款方式创新产品 78 款，贷款余额达 269.06 亿元，惠及 5 万多户小微企业。深化银税互动平台建设，推进银税信息的增值利用，通过银税合作对小微企业授信余额达 54.02 亿元，贷款余额达 40.76 亿元。鼓励引导银行大力推进信用贷款，2017 年 3 月末，台州市企业信用贷款余额达 356.3 亿元，比年初增加 42.9 亿元，占比较 2016 年同期提高 3.7 个百分点。台州市产业投资公司与浙江联合中小企业资产管理公司合作设立台州市企业转贷基金，许多银行也主动创新，有效缓解小微企业转贷难题。支持推进小微企业境外融资，3 家企业获批境外银行人民币贷款授信 1.97 亿元，12 家企业签订外债协议 8 957.76 万美元，上调 3 家城市商业银行跨境融资风险加权余额上限，折合人民币 155.6 亿元，实现跨境融资新的突破。

（六）通过大力发展小微企业金融服务专营机构，破解小微企业金融服务覆盖面不足的问题

鼓励和引导金融机构下沉服务重心，大力发展各类小微企业金融服务专营机构和特色银行，提高小微企业金融服务覆盖面和专业化水平。截至 2017 年，全市设立小微企业金融服务专营机构 277 家、社区支行 94 家，认定了 8 家电商特色银行、7 家科技银行、1 家文化产业银行。

（七）加强政企互动，引导企业主动对接多层次资本市场，破解直接融资不足问题

出台《关于扶持企业直接融资发展的若干政策意见》，指导和推动

更多企业利用境内外资本市场、债券市场、场外市场等开展直接融资。2016 年以来台州市新增上市公司 10 家，其中 2017 年新增 5 家，总数达 46 家，A 股上市企业数在全国排名第 16 位，初步形成了证券市场的"台州板块"；2017 年 1～4 月新增新三板挂牌企业 6 家，总数达 60 家；积极与浙江股交中心合作，单独分层设立"台州小微板"，加强科创型、成长型企业资源培育，累计在浙江股交中心挂牌 502 家（其中小微板 128 家）。鼓励引导企业直接融资，2017 年第一季度实现再融资 67.66 亿元，其中股票融资 36.66 亿元，债券融资 31 亿元；2016 年完成直接融资 480.37 亿元，直接融资规模首次超过贷款增量。

（八）加强政学互动，充分发挥小微金融指数的风向标作用，破解小微金融发展趋势判断难问题

由中国社科院和地方政府、地方院校三方共建，聘请中国社科院、北京大学等著名院校的 10 名专家学者为特约研究员，设立浙江（台州）小微金融研究院，开展小微金融运行规律、发展趋势等方向的理论研究与实践总结。以金融服务信用信息共享平台中的 34 万家市场主体为有效样本，编制了全国首个"小微金融指数（台州样本）"，并与中国经济信息社、中国金融信息中心共同发布。该指数基于大数据理念，采用全样本数据分析，包括总指数和成长指数、服务指数、信用指数三个二级指数，按月采集，按季度发布，为政府服务企业决策、金融机构精准服务小微企业、监测防范小微企业运行风险提供指导和参考。

（九）强调共生共赢，全流程防控"两链"风险，破解小微金融区域风险控制难问题

创新风险监测和查询，建立涉贷企业关停倒闭、风险防控工作"十张清单"等定期监测工作机制，全面、及时、真实掌握银行业的风险变化；在满足企业合理信贷需求的原则下，在授信核定、担保准入、

贷后管理等方面，引导银行业金融机构不断创新风险防控手段；建立出险企业协调帮扶机制，出台风险防范处置工作预案，设立台州市金融仲裁院，提升出险企业的处置效率；因企而异，分类采取直接破产清算、破产重组、经营托管等措施，最大限度地挖掘风险企业价值；因险而异，采取平移代偿、续贷展期、土地分割、合作转让等处置手段，形成风险防范监测、风险规避缓释、风险处置化解等方面全流程防控"两链"风险的机制。

第二节　福建省泉州市金融服务实体经济综合改革

2012 年 12 月，人民银行等 12 部委正式印发《福建省泉州市金融服务实体经济综合改革试验区总体方案》。福建省泉州市由此成为继浙江省温州市金融综合改革试验区、广东省珠江三角洲金融改革创新综合试验区之后的第三个国家级金融综合改革试验区。

一、改革背景

（一）实体经济是泉州市改革的基础所在

泉州市是福建省经济最活跃的地市，2012 年全市地区生产总值就达 4 726.5 亿元，人均生产总值超过 8 000 美元，实现工业产值近 1.1 万亿元，经济总量连续 14 年位居福建省首位，辖内拥有纺织服装、鞋业、石油化工 3 个产值超千亿元，以及装备制造和建筑建材 2 个产值超 500 亿元的产业集群，拥有 76 家上市企业。辖下的晋江曾创造了著名的"晋江模式"，与"温州模式"等并称为中国农村经济发展的四大模式，是全国 18 个改革开放典型地区之一。同时，泉州市是全国著名侨乡，特别是泉州市和台湾"一水之隔"，金融合作交流日益密切，有利于充分调动境内外泉商、泉籍金融人才的积极性，更好地实施先行先试政策。

（二）缓解中小企业融资难、推动民营企业转型升级是动力所在

一方面，经过改革开放 30 多年的高速发展，泉州市的民营经济十分发达，民营企业总数达 10 万余家，其中中小企业的比重高达 90%，民间资本非常雄厚。然而，泉州市的金融业和金融服务发展相对滞后，银行难以满足大量中小企业的资金需求，中小企业融资难问题较突出。另一方面，"十二五"时期是泉州市产业结构优化升级等各项事业加快推进时期，企业面临经济结构调整和转型升级，迫切需要金融支持和金融改革释放活力。因此，建立完善、灵活、高效的金融体制，提高金融体系的透明度、竞争度和开放度，创新产业资本和金融资本转化融通的政策支持体系，打通民间资本进入金融领域和金融资本进入实体经济的"两个通道"，更好地为中小企业和雄厚的民间资本牵线搭桥，提升金融服务实体经济的能力，缓解中小企业融资难、融资贵问题，助推泉州市民营经济转型升级，是泉州市金融改革的出发点和动力所在。

二、主要改革措施及成效

金融改革以来，泉州市以金融服务实体经济为主线，以改善小微企业金融服务为重点，以深化金融改革项目化运作为抓手，立足打通金融资本进入实体经济和民间资本进入金融领域的"两个通道"，大力推进重点环节改革和底层自主创新，着力建设具有泉州市特色的实体金融服务体系，取得了一定成效。

（一）金融服务小微企业取得显著进展

金融改革实施以来，泉州市把改善小微企业金融服务作为改革的突破口和重点，加大政策支持力度，鼓励金融产品和服务创新，力求破解小微企业融资难题。截至 2017 年 4 月末，全市银行业小微企业贷款余额（含个体工商户、小微企业主贷款）达 1 991.19 亿元，同比增长 15.39%，贷款户数上升至 16.88 万户，贷款覆盖面从 2012 年末的 15% 提高到 34.74%，申贷获得率达 91.07%，小微企业信贷资源可获得性进一步提升。

一是在全国率先建成了中小微企业信用信息交换共享平台。该平台整合导入 36 种类型、19.74 万多家中小微企业、718 万多条基础信息数据，实现分散在工商、税务、质监等 17 个条块部门单位及准金融机构的企业信用信息的互联互通，有效打通银行与中小微企业的融资对接通道。同时，平台下设"5 000 家重点小微企业融资项目库"，并首创"定向普惠＋信息服务＋信用增进＋动态管理"的模式，推动银行向入库企业授信。截至 2017 年 4 月，对接入驻金融机构 12 家、金融产品 22 项，银行放款时间缩减到最快 2 天，累计帮助 4 875 家入库企业获取银行授信超 300 亿元，为 1 044 家小微企业提供贷款余额 99.48 亿元。该做法被《国务院关于扶持小型微型企业健康发展的意见》（国发〔2014〕52 号）采纳，明确提出推进小微企业信用信息共享，促进小微企业信用体系建设。

▼ 专栏8

泉州市中小微企业信用信息交换共享平台

信息不对称、信用不健全的"两信"问题，是制约中小微企业融资的主要障碍。福建省泉州市金融服务实体经济综合改革试验区

（以下简称泉州金改试验区）获批以来，泉州市将中小微企业信用信息交换共享平台（以下简称"信用平台"）建设作为泉州市金改试验区的重要基础性工作，立足于解决中小微企业融资难问题，按照"统一规划、分步实施、先易后难、急用先行"的原则，着力推动条块间、部门间的企业信用信息交换共享，致力将企业信用信息转化为融资支持，取得阶段性进展和成效。截至 2017 年 4 月末，平台整合导入 36 种类型、19.74 万多家中小微企业、718 万多条基础信息数据，实现分散在工商、税务、质监等 17 个条块部门单位及准金融机构的企业信用信息的互联互通，帮助小微企业获取银行贷款超 300 亿元，有效打通银行与小微企业的融资对接通道。该做法被《国务院关于扶持小型微型企业健康发展的意见》（国发〔2014〕52 号）采纳。

一、"信用平台"建设的主要措施

（一）加强组织领导，努力营造分工明确、协同协作的工作格局

为推动"信用平台"建设，泉州市成立平台建设工作小组，由泉州市政府分管领导任组长，由市金融工作局、市发改委、人民银行泉州市中心支行等 19 个部门分管领导及平台承建单位相关负责人担任成员，负责项目的统筹、协调和推进工作。各单位明确分工，落实工作责任，形成领导重视、分工明确、协同协作的工作格局。同时，先后联合出台《泉州市中小微企业信用信息交换与共享平台建设工作方案》《关于开展泉州市小微企业信用信息建档评级工作意见》《重点小微企业融资项目库实施方案》等一系列文件。

（二）充分论证思考，提出可行性试点构建方案

为更好地配合推动"信用平台"建设，人民银行泉州市中心支行对数据库的建库范围、亟须征集入库的信息数据项、数据库预期建设模式、建库中可能遇到的障碍及破解方案、建库后如何实现对有实际信贷需求企业的筛选及信用培育等问题进行了初步探讨及论

证，并在此基础上提出了"用三年时间，采用分'三步走'，每个阶段实现不同建设目标"的平台构建思路。

（三）加强沟通协调，共同推动平台建设

"信用平台"建设是一项系统性工程，需要各个单位强有力的配合、协作。工作小组和项目建设办公室建立了定期沟通、协商机制，及时协调平台建设中遇到的困难和问题，确保项目建设顺利推进。各数据共享单位根据数据管理权限，主动加强与上级部门的沟通协调，积极配合平台建设工作小组完成数据调研、采集、更新以及后续管理等各项工作。2014 年 6 月末，"信用平台"首期建设完成，并投入运行。2014 年 11 月，"信用平台"进行扩容升级。

二、"信用平台"建设的主要成效

经过三年来的探索和实践，"信用平台"粗具规模，平台应用范围更广，实效更加凸显，形成了"以信促融、以融促信"的中小微企业融资服务新模式。

（一）畅通信息渠道

"信用平台"先行开放给各级政府金融办和数据提供单位、在泉银行业金融机构、海峡股权交易中心泉州运营中心、准金融机构查询，这些单位可通过泉州市政务内网或在互联网通过 CA 证书登录访问，经企业授权依法可查看企业完整的信用信息，解决政、银、企间信息不对称问题。同时，银行业金融机构在人民银行征信系统的基础上，进一步利用这个平台的大数据，可以方便、快捷地研判企业的信用等级、风险状况，节约贷前调查的时间和成本，该平台成为银行业金融机构为企业授信、发放贷款的重要辅助平台。

（二）实现增信授信

为拓宽平台的应用领域，依托信用平台的基础信息，按照分批分步和动态更新的原则，根据行业主管部门和人民银行、银监部门的推荐，筛选出一批创新型、创业型、成长型、科技型小微企业，在信用平台中开发建设"重点小微企业融资项目库"板块，由银行对入库企业建立优先受理和审批的业务通道，并运用小微企业信贷风险补偿共担资金、"助保贷"风险补偿资金、农业贷款风险补偿资金等各类风险资金池，对入库企业提供信贷分险和增信服务，重点扶持有市场、有发展潜力、信用记录良好但抵押、担保能力不足的小微企业。截至 2017 年 4 月末，平台对接入驻金融机构 12 家、金融产品 22 项，注册企业达 6 300 家，对接融资 7 450 万元，银行放款时间缩减到最快 2 天，累计帮助 4 875 家企业获得贷款授信达 300 多亿元，为 1 044 家小微企业提供贷款余额 99.48 亿元。

（三）引导诚信建设

坚持依法依规、客观公正、准确及时的原则，将企业的正向和逆向信息向金融机构、社会公众公布，切实提高信用企业的信用收益和失信企业的失信成本，形成"以信促融、以融促信"的信用激励与约束机制，促进企业更加注重信用、规范自身运作，增强可持续融资能力。

二是创新小微金融服务方式。在设立小微金融服务机构方面，泉州市建立了 224 个独立或相对独立的小微企业金融服务机构、44 个以行业协会为龙头的小微金融合作社，牵线银行融资超 100 亿元。在创新小微金融产品方面，推动泉州市银行在全国率先创新无须还本、直接续贷的"无间贷"，并以此带动形成了"连连贷""流水贷"等一大批在全省推广的金融创新产品。截至 2017 年 4 月末，各类创新业务贷款余额达 408.52 亿元，累计发放贷款近 1 000 亿元，受益企业达 10 万多家，解决运行良好的企业用款的连续性、低成本问题。其中，泉州银行推出"无间贷" 3.0 升级版，累计发放贷款 107.80 亿元，余额达 50.48 亿元，惠及 2 543 户小微企业和个体工商户，节约融资成本 1.51 亿元。

在建立小微企业线上线下综合金融服务平台方面，推进 133 家龙头企业与 841 家上下游小微企业开展"1 + N"供应链综合授信，共建立供应链 314 条，授信金额达 92.82 亿元，融资余额达 56.66 亿元。

三是创新建立小微企业信贷风险补偿基金。为发挥财政资金的杠杆增信作用，泉州市先后设立 1 亿元的小微企业信贷风险补偿共担资金、2 000 万元的"助保贷"资金池和 2 000 万元的外贸中小企业融资风险共担资金池等分险和增信资金，引导金融机构将资金倾斜投向重点产业和小微企业。该做法被《国务院办公厅关于转发知识产权局等单位深入实施国家知识产权战略行动计划（2014—2020 年）的通知》（国办发〔2014〕64 号）采纳，明确提出引导和鼓励地方人民政府建立小微企业信贷风险补偿基金。

四是促进产业、科技与金融融合。泉州市先后成立石材、海洋等产业的金融专营机构和高新区科技金融服务中心，开展全产业链金融服务，推动企业成长全过程、重点产业全产业链和产业转型升级全过程的金融服务。2015 年设立 50 亿元产业股权投资基金，并以此推动新兴产业、集成电路、高新技术 3 只子基金落地运作，推动县（市、区）新设 4 只政府引导的产业基金（累计 14 只）。2016 年全市投资基金募集产业资本金额近 300 亿元。2016 年设立 1 亿元高新技术企业发展基金，引入兴业银行、农业银行开展高新技术融资业务，为高新技术企业提供信用免担保的融资服务，解决高新技术企业融资遇到的"轻资产、担保难"问题。

（二）提升农村金融服务能力

一是创新农业贷款风险补偿增信模式。2013 年泉州市出台《泉州市农业贷款风险补偿专项资金管理规定》，由政府出资 3 150 万元的风险金，试点开展政府、银行共担农业贷款风险损失的涉农贷款。改革实施以来，泉州市通过农业贷款风险补偿专项资金累计发放农业贷款

20.47 亿元，支持新型农业经营主体和一般农户 3.44 万户。

二是创新"三农"金融产品及服务方式。德化设立全省首家县级农村产权交易中心，安溪在全省率先实施农业经济作物种植保险（财政补贴型茶叶种植保险）试点，晋江、石狮、永春开展全国农村"两权"抵押贷款试点，以及运用抵押补充贷款（PSL）支持民生工程。截至 2016 年末，各类农村综合产权抵（质）押贷款达 13.84 亿元；已获批可使用 PSL 资金的项目达 25 个，总金额达 147.31 亿元，已发放抵押补充贷款 18 笔，金额达 22.55 亿元。其中，晋江、石狮农民住房财产权抵押贷款余额达 13.93 亿元，同比增长 29%，居全国前列；永春农村承包土地经营权抵押贷款余额达 8 446.4 万元，同比增长近 13 倍，居全省前列。

三是创新推进农村增信服务公司[①]试点工作。如南安市政府出台《关于开展农村增信服务公司试点的指导意见》，批准设立首批 10 个农村增信服务公司试点村，已开业 6 家农村增信服务公司。截至 2017 年 4 月末，累计担保贷款 437 笔，累计担保金额达 8 253.5 万元。

四是完善农村信用体系。截至 2017 年 3 月末，全市建立信用档案的农户达 142.53 万户，已建档农户获得贷款余额达 369.47 亿元。

（三）民间融资管理进一步规范化、阳光化

一是探索民间融资规范化、阳光化途径。泉州市率先在福建省出台《泉州市民间融资管理暂行规定》《关于发展民间借贷登记服务公司的指导意见》等 10 多份配套文件，从规范民间融资行为、培育服务机构、健全监管制度、强化风险防控等方面，引导民间融资管理规范化、阳光化。同时，通过两种模式先行先试，探索建立民间融资登记备案制度。一种

---

① 农村增信服务公司是以村级为单位由村民成立的担保公司，为村里的农户、农村企业提供贷款担保。

是采用政府管理、银企参与、非营利运作模式设立全国首个县级金融公共服务平台——石狮市金融服务中心。该中心自 2014 年 10 月运营以来，受理征信查询 3.8 万件、民间融资登记 4 679 笔，金额达 374.29 亿元。另一种是以民营企业牵头组建晋江恒盛民间借贷登记服务公司，该公司自 2013 年 12 月设立以来共受理登记备案业务 749 笔，金额达 8.36 亿元。

二是畅通民间资本进入金融领域的通道。一方面，推动民间资本参与地方法人银行发展。辖内 11 家地方法人银行的民间资本持股达 85.05 亿元，占注册资本的 89.54%，10 家农村中小金融机构中有 9 家实现民间资本控股；已开业的 7 家村镇银行的非金融企业发起人全部是民营企业。另一方面，推动民间资本进入非银行金融机构。已开业的七匹狼集团财务公司、兴业消费金融公司、海西金融租赁公司，以及正在申报设立的民营银行、泉台合资和泉港合资证券公司均有民资参股。截至 2017 年 4 月末，泉州市民间资本以参股、发起等方式投资金融业的资金达 238 亿元，各类投资基金募集产业资本的总金额近 300 亿元，准金融机构累计向中小微企业投放资金 699.17 亿元，企业上市融资 257.95 亿元、发债融资 444.8 亿元，民间融资登记达 364.81 亿元，民间资本进入金融领域累计达 2 304.73 亿元。

（四）加强泉州市与境外的金融合作

一是加快机构对接互通。泉州市多次组织赴中国港澳台及东南亚地区考察、推介，邀请境外金融界高管到泉州市考察，并寻求合作。2017 年，菲律宾首都银行（中国）有限公司在泉州市设立分行展业。同时，借举办"第五届海峡论坛·两岸金融合作（泉州）论坛"、参评首届东亚文化之都、筹办亚洲艺术节的机会，推进泉州市与境外的金融交流合作。

二是深化业务交流合作。泉州市政府鼓励符合条件的企业到港澳台地区发行人民币债券；支持符合条件的企业或个人按规定双向投资境内外证券、期货市场；鼓励银行业金融机构创新跨境贸易人民币结算产品；推动在泉银行机构与台湾银行机构开立人民币同业往来账户。截至 2017 年 4 月末，到中国台湾、香港和东南亚地区上市的泉州企业分别为 5 家、35 家和 18 家；台湾上海商业储蓄银行与兴业银行泉州分行、招商银行泉州分行与多家境外银行、兴业银行香港分行与兴业银行泉州分行合作开展"内保外贷"等业务；泉台合资、泉港合资的全牌照证券公司也正在筹备设立中。

三是金融政策试点先行。2014 年 12 月 16 日，人民银行同意实施包括泉台金融机构人民币跨境双向贷款、外商投资企业资本金意愿结汇试点、跨境电子商务外汇支付业务试点 3 项倾斜政策。2016 年 2 月，建设银行泉州市分行办理首笔外汇资本金意愿结汇业务，金额达 1 380 万美元。2015 年 7 月 14 日，人民银行福州中心支行出台《泉州金融服务实体经济综合改革试验区开展泉台跨境人民币贷款业务试点管理办法》，泉台跨境人民币贷款试点业务正式启动。截至 2017 年 4 月末，鸿星尔克等 22 家企业办理跨境双向人民币资金池业务 132.70 亿元，泉台跨境人民币贷款备案金额达 2.22 亿元，实际放款 1 602.5 万元。

（五）完善金融风险防控机制

一是完善地方金融监管机制。建立准金融机构监管联席会议制度和监管责任人制度，设立准金融机构审核专家库，开展准金融机构评级和分类监管；建设准金融机构监管信息系统，开展现场监管；制定金融改革统计监测制度和定期分析制度，初步形成了垂直部门直接监管、地方政府协同、准金融机构行业协会配合的基层金融监管机制。

二是强化金融风险防控。泉州市成立以市长为组长的金融风险应急处置工作领导小组，制定实施《泉州市金融应急处置预案管理规定》《泉州银行业分类帮扶困难企业的指导意见》，建立不良贷款处置会商机制和定期约谈机制，加强政、司、银、企携手联动，"一企一策"化解企业资金链风险，推进担保链（圈）风险化解和企业重整重组工作，确保银行业不良贷款率保持全省低位；设立 17.19 亿元的应急资金保障周转资金，累计为 5 235 家企业提供"过桥"转贷资金 926.63 亿元；协调 500 家以上困难企业的资金链问题，帮助 189 家困难企业化解资金风险，涉及信贷资金超 350 亿元，协助银行追讨 789 家企业的贷款 180.4 亿元。开展金融法治宣传教育，在全省率先设立市中级法院金融审判庭、金融案件速调中心，持续开展打击恶意逃废债违法犯罪的专项行动，防范民间金融向金融体系渗透传导风险，确保不发生系统性、区域性金融风险。

第三节　江苏省泰州市金融支持产业转型升级改革

经国务院同意，2016 年 11 月 25 日，人民银行等 14 个部委印发《江苏省泰州市建设金融支持产业转型升级改革创新试验区总体方案》，泰州市成为江苏省首家国家级金融改革试点地区，也是全国首家以金融支持产业转型升级为创新内容的地区。

一、改革背景

泰州市是江苏省转型升级综合改革试点城市，在全面深化改革的进程中，金融改革是关键的一环。面对经济发展新常态，泰州市以服务实体经济为宗旨，以支持产业转型升级为着力点，谋划推动区域金融改革创新。泰州市金融改革试点主要基于以下三点考虑。

（一）形势所迫

改革是为了破解发展中的难题，就泰州市的产业和金融而言，与其他很多地区一样，正面临着新旧动能艰难转换、产融对接阻滞不畅、金融风险积聚加大等痛点和难点。只有实施区域金融改革，紧紧围绕产业转型升级，引导政策聚焦、资源聚集、力量聚合，才能有效破解实体经济发展中的瓶颈与难题，真正推动供给侧结构性改革顺利前行。

（二）机遇所在

一直以来，党和国家领导同志对基层探索高度重视，十分注重调动发挥中央和地方两个层面的积极性。人民银行作为区域金融改革的牵头部门，在以往试点地区取得成效的基础上，进一步加大了区域金融改革的推进力度，积极推动各个地方申报试点，为泰州市争取改革试点提供了难得的机遇。

（三）基础所系

泰州市经济金融具有良好的发展基础。一是区位基础。泰州市处于江苏省的中部，承南启北，襟西带东，经济总量适中，发展速度适度。二是产业基础。泰州市三大主导产业特色鲜明。生物医药和高性能医疗器械发展较快，作为国家级长江经济带大健康产业集聚发展试点城市，泰州市以中国医药城为重要载体，聚力发展集"医、药、养、游"于一体的大健康产业，生物医药产值突破 1 000 亿元，在全国地级市领先。高技术船舶与海工装备优势明显，泰州市是全国最大的民营造船基地，2016 年造船量占全省的 44%，占全国的 1/5 强，占全世界的 1/14 强。节能与新能源产业发展势头良好，集聚了一大批技术先进、发展质态良好的高端项目，部分领域占据了产业制高点。三是发展基础。近年来，泰州市经济社会取得长足的发展，主要经济指标增速在全省领先。四是创新基础。泰州市有创新的基因，曾经创造了"客户一证通""阳光信贷"等享誉全国的金融品牌。

二、主要改革措施及成效

泰州市坚持"四个全面"战略布局，牢牢把握创新、协调、绿色、开放、共享五大发展理念，以供给侧结构性改革为主线，从破解产融对接中存在的信息不对称、链条不完整、要素不聚集、项目难培育、配套缺支撑五大制约问题出发，在全市重点实施"12345"改革，即建设一个产融中心、两大特色集聚区、三类要素平台、四种引领性基金、五项支持体系，着力提升金融支持产业转型升级效率，构建新兴领域融资培育机制，优化产业融资结构，努力培育产融结合的新优势和经济增长的新动力。

（一）围绕金融服务实体经济，重点组织产融综合服务中心建设

为消除金融机构与企业的信息壁垒，有效缓解企业融资难、融资贵问题，泰州市在借鉴先进地区经验的基础上，着力打造前台（融资供需信息系统）+后台（企业信用信息系统）贯通、线上（两大系统功能互补）+线下（各类金融机构集中办公）联动、贷款（各银行创新金融产品）+投资（各类产业基金及直接融资）有机组合、担保（国有政策性担保公司）+风补（以保险公司为主的"政、银、保"风险补偿机制）有力支撑的产融综合服务中心。目前，线上的征信融资 e 网通平台已上线试运行，线下的产融综合服务中心实体功能布局、20 家银行及其他机构的入驻建设正在加快推进。产融综合服务中心实现了企业融资的"一站式、一体化、一键通"，企业第一时间"找遍"银行，银行第一时间"认准"企业，实现了银、证、保、创、贷、投一站式的、全生命周期的金融服务。

（二）围绕助力主导产业发展，着力推进产业基金和融资租赁两大特色集聚区建设

为促进产业链与资金链、创新链、人才链深度融合，泰州市以聚焦

三大主导产业为主线，以重点骨干企业为龙头，以资本为纽带，推进特色产业基金和特色融资租赁集聚区建设。一方面，发挥财政资金的引导和杠杆作用，建设产业转型升级引导基金集聚区。出台《泰州市产业投资基金管理暂行办法》，按照"政府引导、市场运作，科学决策、防范风险，公开透明、注重实效，突出重点、带动全局"的原则，成立"1＋3＋N"产业发展引导基金（即1只母基金，生物医药与高性能医疗器械、高技术船舶与海工装备、节能与新能源3只主导产业子基金，以及大健康产业、高端装备制造、现代服务业、沿江化工产业等若干只子基金），为泰州市各类实体经济提供全生命周期的金融服务。母基金首期规模为50亿元，由市政府、金融机构和社会资本共同发起设立，力争3~5年内产业发展引导基金总规模达200亿元。另一方面，着眼于泰州市三大主导产业中的企业技术改造和生产线扩建，大力实施融资租赁产业集聚发展计划。培育发展医疗器械融资租赁、船舶行业融资租赁、新能源电站融资租赁等产业特色明显的专业化融资租赁公司，形成融资租赁产业集聚区。全市首家医疗器械融资租赁公司——泰州广瑞融资租赁有限公司2016年注册成立，已操作融资租赁业务3笔，租赁金额达13 900万元，实现融资租赁收入505.5万元。泰州新能源与招银金融租赁签订20兆瓦农业光伏发电协议，租赁代价总额约为1.31亿元。

▼ 专栏9

泰州市金融支持三大主导产业转型升级取得初步成效

（一）构建全生命周期融资服务体系，有力支持生物医药与高性能医疗器械产业发展

泰州市医药高新区是国务院批准设立的全国首个国家级医药高新区，在全国率先布局生物技术和新医药产业。由于生物医药产业具

有生产周期长的特殊性，落户的国内外大型企业研发时间较长、可抵押资产不多，加之药品审批环节多、审批周期长，科研成果向生产力的转化需要时间，园区内企业特别是中小企业获得银行信贷资源的难度较大。针对这一难题，围绕医药企业孵化期、初创期、成长期、成熟期等不同阶段，泰州市分别通过大健康基金类股权投融撮合、国家一类新药研发投资基金、医疗领域一站式双创互动平台、投贷联动试点、统贷统还模式等，构建了全生命周期融资服务体系，较好地满足了医药企业的合理融资需求。同时，医药企业获得的外商直接投资和境外融资较多，针对企业正常结汇支付需要事前准备的证明材料较多的情况，泰州市以金融改革为契机，争取在医药高新区内实施资本项目收入兑换便利化改革试点，在风险可控的前提下，突破企业资本项目外汇收入兑换成人民币使用时逐笔、事前审核单证的模式，允许试点企业在将外商投资资金和境外融资等收入兑换成人民币使用时，凭支付指令在银行直接进行支付，得到了国家外汇管理局的初步认可，相关方案已报至国家外汇管理局待批。此项政策实施后，医药高新区内企业90%的外商投资资金和境外融资等资本项目收入（每年约10亿美元）可实行便利化管理，可以为医药高新区营造良好的招商和引资的优惠政策环境，同时也大大降低企业的资金使用成本，进一步提高企业的资金使用效率，促进投融资便利化。2017年，医药高新区已形成了集医药研发、生产制造、会展交易、康健医疗、教育教学、养生养老于一体的医药名城核心区。区内已入驻600多家国内外知名医药企业，形成了新型疫苗及特异性诊断试剂产业集聚区和高端医疗器械产业集聚区，2016年实现地区生产总值190亿元。

（二）创新船舶企业境内外汇贷款结汇，有效缓解了船舶企业的资金瓶颈

船舶行业是泰州市的重点支柱产业，由于近年来船市持续低迷，

新签订单预付款比例降低，船舶企业要自行垫付近70%的资金，船舶企业面临较大的融资压力。为此，泰州市加大对船舶行业"白名单"内企业的金融支持，积极争取中国进出口银行、国家开发银行等加大对高技术船舶及海工装备的支持，引导银行加大与金融租赁公司的合作力度。同时，紧抓改革契机，引导船舶企业利用跨境本外币融资，力推船舶企业国内外汇贷款结汇政策落地，创新制定了《船舶企业国内外汇贷款结汇管理办法》，获得国家外汇管理局备案同意。此项政策突破了原有境内银行发放的外汇贷款不能结汇成人民币使用的政策限制，允许船舶企业在未收到境外出口款项的情况下，通过境内银行发放相应的外汇贷款并结汇成人民币使用，从而弥补船舶制造配套资金不足的问题。企业从境外收回货款后再偿还银行外汇贷款，如因特殊情况不能收回货款可经外汇局备案后从银行购买外汇偿还外汇贷款，相比使用人民币贷款，可为船舶企业降低1%~2%的融资成本，为缓解船舶企业资金瓶颈提供了有力支撑。

（三）积极发展绿色金融，大力支持节能与新能源产业发展

江苏智航新能源有限公司于2012年7月成立，投入资金1.5亿元，建成标准厂房3栋，包括钴酸锂生产车间、锂电池生产车间、电池组装车间，建成2条钴酸锂生产线，年产600吨钴酸锂，日产6万只锂离子电池，当年投产近4个月销售额达3 424万元。公司需要不断扩大产能来提高自身在该行业内的市场份额，2014年公司启动第二条锂电池生产线的建设，增加固定资产投资给公司带来了流动资金的短缺。为支持公司的发展，金融部门积极开展调查评估，结合公司的实际情况，一方面积极创新担保方式，发放专利权质押贷款2 000万元，另一方面创新科技贷款模式，与科技创投公司合作，以委托贷款方式提供300万元信贷支持。在金融部门的支持下，公司快

速扩张，2014 年销售额突破 1.5 亿元，2016 年 9 月，与浙江某上市公司达成合作意向，该公司的资产估值达 19.8 亿元，被上市公司成功收购，公司再次进入了快速发展的通道，2016 年 10 月启动三期锂电池生产线的投资项目，2017 年 4 月正式投产，动力型 18650 电池产能达到 100 万只/年，进入同业前五。2017 年公司销售额预计将达到 30 亿元，净利润也将达到 4 亿元。

（三）围绕汇聚创新要素资源，大力推动三类要素平台建设

针对泰州市各类要素市场建设相对薄弱、活跃程度不高、区域性金融市场尚处空白的情况，泰州市按照功能明确、管理规范、风险可控、交易活跃、保障有力的总体要求和发展方向，加快推进区域性金融市场建设，搭建各类要素交易平台，集聚更多的创新资源，进一步提高资源配置效率。一是建立大健康基金类股权投融撮合平台。依托医药高新区，加强与上交所、深交所、全国中小企业股转系统等方面的合作，建立大健康基金类股权投融撮合平台，促进科技创新、创业企业与社会资本及各类资源低成本融合，形成无缝链接的"医药技术 + 金融资本 + 政务服务 + 互联网"的新模式。目前股权投融撮合平台已成功上线运行，注册登记融资企业达 30 家，投资企业近 20 家，成功撮合 3 000 万元股权融资交易，另有 4 个项目达成初步合作意向。二是建立技术产权交易平台。依托"泰科易"网上技术交易平台，强化科技项目对接，推动科技项目成果转化。争取省生产力促进中心的支持，建立外部专家评审机制，为科技产权交易、科技企业投融资、科技成果转化、科学技术咨询、技术合同认定等提供专业化、市场化服务。目前在该平台注册的各类技术专家有 4 000 多名，服务企业 4 000 多家，撮合项目成功签约 200 多份，交易金额达 1.65 亿元。三是建立江苏省绿色金融资产交易平台。依托金融服务区，立足泰州市，辐射全省，努力建立对外宣传有影响、对实体经济有支撑的区域性、综合性金融资产交易平台。现已完成平台建设方案草拟工作。

（四）围绕支持创新创业离岸孵化，加快建立四种引领性基金

为更好地促进项目培育，泰州市将金融服务拓展到市外，把创新的要素延伸到源头，建立创新创业风险投资基金、信用担保基金、贷款风险补偿基金和成果奖励资金，引领市外的创新创业成果产业化，最大限度地集聚到泰州市。一是设立创新创业风险投资基金。设立5亿元专项基金，主要投向离岸孵化招引的在孵项目和落地项目，同时也可投资本地科技企业孵化器内种子期或初创期的科技型小微企业，孵育一批创新型企业，促进创业企业加速成长。二是设立信用担保基金。出台《泰州市信用担保基金管理暂行办法》，设立首期1亿元的信用担保基金，建立了基金业务区域协调工作机制，构建了基金、银行、再担保公司和担保公司2:2:2:4的风险分担机制，为小微企业提供有效的融资担保。三是设立贷款风险补偿基金。设立2 000万元专项基金，按照基金规模6~10倍放大贷款授信，支持科技成果产业化落地，对所贷项目发生的贷款本金损失予以补偿，调动银行为科技企业发放贷款的积极性。四是设立成果奖励资金。设立专项资金，用于创新型项目落地转化和项目引荐的奖励。

（五）围绕金融创新要素支撑，着力构建五项支持体系

为完善金融改革配套措施，泰州市以建立区域特色明显的金融服务支撑体系为突破口，围绕金融创新要素支撑，着力构建五项支持体系。一是构建金融产品创新体系。积极开展投贷联动、应收账款和排污权质押贷款等创新试点，提升金融改革惠及面。全市应收账款质押融资累计办理850亿元，居全省前列；南京银行完成3笔投贷联动业务试

点，授信金额达 7 000 万元，实现了银行从一般的融资服务向全链条综合服务延伸；在全省率先开展排污权有偿使用和交易，排污权质押贷款累计授信 7 091.9 万元，累计发放 6 821.9 万元。二是构建地方金融服务体系。坚持政府导向、市场运作，整合地方金融资源，打造泰州金控集团，提升区域金融调控能力。推动泰州农商行转型发展，完成清产核资及资产评估工作，制订农商行增资扩股方案，推进政府政策支持和资源倾斜项目落地，加大对转型产业和地方支柱企业的信贷投放力度，促进农商行资产结构优化。三是构建政策支持体系。建立 100 亿元的泰州市金融改革发展引导基金，扶持金融机构、金融人才、金融基础设施等金融改革重点领域。制定专项奖补政策，支持企业进行直接债务融资、应收账款融资，支持金融机构参与企业并购重组。设立"金融改革创新奖"，鼓励金融市场主体积极开展业务创新。四是构建人才支持体系。以"市、校、院"合作的模式，成立泰州产业金融研究院，打造在国内有一定影响力的产业金融研究专业智库和金融人才培育基地。定期组织高层论坛、专家研讨、学术沙龙等头脑风暴活动，探索金融改革创新路径。完善人才引进政策，研究制定包括"高层次人才创业券""人才购房券"在内的金融人才优惠政策。在全市选拔 30 位基层领导干部，实施为期一年半的金融改革专题培训，培养和储备一批金融改革人才。五是构建环境支持体系。出台《关于为泰州金融支持产业转型升级改革试验区建设提供优质司法保障的十八条意见》，设立金融审判庭，依法保护和处置金融债权。建立金融纠纷人民调解员、金融纠纷仲裁员、金融案件审判人民陪审员队伍，切实发挥定纷止争的积极作用。完善金融生态考评体系，丰富金融生态县创建内涵，逐步向下延伸，开展金融生态镇（乡）综合评价试点，提升金融生态创建的含金量。

第九章
绿色金融改革试点

加快绿色金融体制机制创新，增加绿色金融供给，是推动中国经济绿色转型升级、实现经济社会可持续发展的重要举措，是健全环境治理和生态保护市场体系、推进生态文明建设的重要内容。人民银行深入贯彻《中共中央、国务院关于加快推进生态文明建设的意见》（中发〔2015〕12号）、《生态文明体制改革总体方案》精神，坚持创新、协调、绿色、开放、共享的发展理念，以金融创新推动绿色产业发展为主线，以制度创新为重点，充分发挥市场配置资源的决定性作用，在构建绿色金融服务体系、发展绿色金融组织机构、创新绿色金融业务与产品、优化绿色金融发展政策环境等方面，推动地方先行先试，积极探索，为金融支持生态文明建设和推动经济向绿色化转型探索可复制、可推广经验。

第一节　构建绿色金融体系

一、改革背景

改革开放三十多年来，中国经济社会发展取得了举世瞩目的伟大成就，但由于多方面原因，也面临严峻的生态环境问题。要实质性地改善中国的环境，不仅要依靠更强有力的末端治理措施，还必须采用一系列财税、金融等手段改变资源配置的激励机制，让经济结构、能源结构、交通结构变得更为清洁和绿色。在资源配置中，资金（即金融资源）配置的激励机制将发挥关键的作用。只要资金从污染性行业逐步退出，更多地投向绿色、环保的行业，其他资源（包括土地、劳动力）将随之优化配置。这就要求我们建立一个绿色金融体系，以引导社会资金投向与社会福利最大化相一致的绿色项目。

绿色金融不但是推动中国经济向绿色转型的重要力量，也是金融业自身可持续发展的新动力源泉。当前，中国绿色融资需求增长迅速，绿色金融业务成长空间巨大。绿色债券已覆盖至金融债、公司债、企业债、中期票据、资产支持证券、熊猫债、非公开定向债务融资工具等多种产品类型，中国一跃成为全球最大的绿色债券市场。绿色基金、能效融资贷款、环境权益抵押贷款、绿色 ABS、碳金融产品等其他绿色金融产品不断涌现。中国的绿色金融正处于全面提速的发展阶段。

鉴于此，2015 年 9 月，中共中央、国务院印发《生态文明体制改革总体方案》，首次明确提出要"建立绿色金融体系"。2015 年末，人民银行和国家发展改革委分别出台了《绿色债券支持项目目录（2015 年版）》和《绿色债券发行指引》，2016 年 3 月和 4 月，上交所和深交所分别发布了《关于开展绿色公司债券试点的通知》以及《关于开展绿色公司债券业务试点的通知》，以鼓励机构投资者投资绿色公司债券。2016 年 3 月，全国人大通过的《"十三五"规划纲要》明确提出要建立绿色金融体系，发展绿色信贷、绿色债券，设立绿色发展基金。构建绿色金融体系已经上升为中国的国家战略。

为进一步落实这一战略，2016 年 8 月，人民银行等七部委联合印发《关于构建绿色金融体系的指导意见》（以下简称《指导意见》），提出了 35 条发展绿色金融的具体措施。这是全球首个由政府主导的较为全面的绿色金融政策框架。《指导意见》从可持续发展全局出发，要求建立健全绿色金融体系，更好地发挥资本市场优化资源配置、服务实体经济的功能，支持和促进生态文明建设。

二、主要改革措施及成效

《指导意见》阐述了构建绿色金融体系的重要意义，提出了推动绿色金融发展的具体措施，明确了风险防范和贯彻落实的要求，共计九个方面35条，主要内容包括：构建绿色金融体系的重要意义；大力发展绿色信贷；推动证券市场支持绿色投资；设立绿色发展基金，通过政府和社会资本合作（PPP）模式动员社会资本；发展绿色保险；完善环境权益交易市场、丰富融资工具；支持地方发展绿色金融；推动开展绿色金融国际合作；防范金融风险，强化组织落实。

绿色金融是指"为支持环境改善、应对气候变化和资源节约高效利用的经济活动，即对环保、节能、清洁能源、绿色交通、绿色建筑等领域的项目投融资、项目运营、风险管理等所提供的金融服务"，这是迄今为止国内官方对绿色金融给出的明确定义，为投资者明确投资方向提供了标准。绿色金融体系则是指"通过绿色信贷、绿色债券、绿色股票指数和相关产品、绿色发展基金、绿色保险、碳金融等金融工具和相关政策支持经济向绿色化转型的制度安排"。这对绿色金融工具范围进行了清晰的划分，不仅包括绿色信贷，还包括将环境保护与新型融资工具结合起来的绿色债券、绿色股票指数、绿色保险、碳金融等金融产品，并涵盖了以政府财政为依托设立的绿色发展基金等。

（一）主要改革措施

1. 建立促进绿色金融发展的激励机制

一是财政贴息。《指导意见》提出对于绿色信贷支持的项目，可

"按规定申请财政贴息支持"。近年来，中国在财政上陆续出台了数十项支持节能环保的政策，大部分为直接补贴类的措施。与直接补贴相比，贴息可以使财政以少量的贴息资金引导带动更多的社会资金投资环保领域。同时，贴息机制可将项目甄别选择的责任部分转移给更为专业的商业银行和其他经济主体，在一定程度上可减轻财政的管理和监督责任。

二是担保和增信机制。"支持地方和市场机构通过专业化的担保和增信机制支持绿色债券的发行，研究制定有助于降低绿色债券融资成本的其他措施"。专业化运行的绿色担保机制可以有效解决部分风险较高的绿色项目的融资贵问题。地方政府成立的专业性绿色贷款担保机构和绿色项目风险补偿基金，有助于分担部分绿色项目的风险损失，支持绿色担保机构的运作。

三是宏观审慎调节机制。《指导意见》提出，"探索将绿色信贷纳入宏观审慎评估框架，并将绿色信贷实施情况关键指标评价结果、银行绿色评价结果作为重要参考，纳入相关指标体系，形成支持绿色信贷等绿色业务的激励机制和抑制高污染、高能耗和产能过剩行业贷款的约束机制"。

四是绿色发展基金。《指导意见》强调了政府在支持绿色项目方面的主导性和重要性，提出鼓励和支持设立各类绿色发展基金，包括"中央财政整合现有节能环保等专项资金设立国家绿色发展基金，投资绿色产业，体现国家对绿色投资的引导和政策信号作用"，"鼓励有条件的地方政府和社会资本共同发起区域性绿色发展基金，支持地方绿色产业发展"。同时，《指导意见》提出，"地方政府可通过放宽市场准入、完善公共服务定价、实施特许经营模式、落实财税和土地政策等措施，完善收益和成本风险共担机制，支持绿色发展基金所投资的项目"。

2. 提出抑制污染性投资的措施

《指导意见》指出，构建绿色金融体系的主要目的是动员和激励更多社会资本投入绿色产业，同时更有效地抑制污染性投资。一是研究明确贷款人的环境法律责任。依据中国相关法律法规，借鉴环境法律责任相关的国际经验，立足国情探索研究明确贷款人的尽职免责要求和环境保护法律责任，适时提出相关立法建议。二是在环境高风险领域建立环境污染强制责任保险制度。在国内，自愿性环境污染强制责任保险的推广不是很顺利。因此，《指导意见》提出按程序推动制修订环境污染强制责任保险相关法律或行政法规，由环境保护部门会同保险监管机构发布实施性规章，选择环境风险较高、环境污染事件较为集中的领域，将相关企业纳入应当投保环境污染强制责任保险的范围。

3. 强化第三方作用

一是强制要求上市公司和发债企业披露环境信息。深交所、上交所在 ESG 信息披露方面颁布了相应的通知或指引文件，但对多数上市公司来说还是以自愿披露为主，因此《指导意见》提出：逐步建立和完善上市公司和发债企业强制性环境信息披露制度。对属于环境保护部门公布的重点排污单位的上市公司，研究制定并严格执行对主要污染物达标排放情况、企业环保设施建设和运行情况以及重大环境事件的具体信息披露要求；加大对伪造环境信息的上市公司和发债企业的惩罚力度；培育第三方专业机构为上市公司和发债企业提供环境信息披露服务的能力；鼓励第三方专业机构参与采集、研究和发布企业环境信息与分析报告。

二是发挥第三方认证和评估机构在降低信息不对称、降低绿色债券投资风险等方面的作用。《指导意见》提出，研究探索绿色债券第三方评估和评级标准，规范第三方认证机构对绿色债券评估的质量要求，鼓励机构投资者在进行投资决策时参考绿色评估报告，鼓励信用评级机构在信用评级过程中专门评估发行人的绿色信用记录、募投项目绿色程度、环境成本对发行人及债项信用等级的影响，并在信用评级报告中进行单独披露。

4. 发展绿色金融基础设施

一是发展绿色债券市场。2015 年末，人民银行发布了绿色金融债的公告和《绿色债券支持项目目录（2015 年版）》，启动了中国绿色债券市场。2016 年以来，中国绿色债券发行量已经居全球第一。业界估计，中国未来几年绿色债券的年均融资量可以达到 2 000 亿~3 000 亿元。为进一步发展绿色债券市场，《指导意见》提出：完善绿色债券的相关规章制度，统一绿色债券界定标准；研究完善各类绿色债券发行的相关业务指引、自律性规则，明确发行绿色债券筹集的资金专门（或主要）用于绿色项目；加强部门间协调，建立和完善我国统一的绿色债券界定标准，明确发行绿色债券的信息披露要求和监管安排等多项举措。

二是发展环境权益交易市场。环境权益交易市场是绿色金融工具发展的前提基础。目前，我国的环境权益交易市场以及碳排放市场发展较为落后，环境权益的定价机制并不完善，为此，《指导意见》提出：推动建立排污权、节能量（用能权）、水权等环境权益交易市场。在重点流域和大气污染防治重点领域，合理推进跨行政区域排污权交易，扩大排污权有偿使用和交易试点。加强排污权交易制度建设和政策创新，制定完善排污权核定和市场化价格形成机制，推动建立区域性及全国性排污权交易市场。

三是发展碳金融市场。促进建立全国统一的碳排放权交易市场和有国际影响力的碳定价中心。有序发展碳远期、碳掉期、碳期权、碳租赁、碳债券、碳资产证券化和碳基金等碳金融产品和衍生工具，探索研究碳排放权期货交易。

5. 创新绿色金融产品

一是发展绿色指数。建立和推广绿色股票指数（绿色企业占比较高的股票指数）是国际上通行的推动机构投资者提高绿色投资比重的做法。中国在建立和推广绿色指数方面还处于起步阶段，影响力还十分有限。截至 2016 年 8 月，在中国的 ETF 产品中，只有 1% 左右是"绿色"的。为加快中国绿色指数的开发和运用，《指导意见》提出，支持开发绿色股票指数以及相关产品，鼓励相关金融机构以绿色指数为基础开发公募、私募基金等绿色金融产品，满足投资者需要。

二是创新绿色保险产品。包括与气候变化相关的巨灾保险、环保技术装备保险、针对低碳环保类消费品的产品质量安全责任保险、船舶污染损害责任保险、森林保险和农牧业灾害保险。

6. 加强绿色金融国际合作

《指导意见》提出在三方面推动绿色金融合作。一是继续在 G20 框架下推动全球形成共同发展绿色金融的理念，推广与绿色信贷和绿色投资相关的自愿准则和其他绿色金融领域的最佳经验，促进绿色金融领域的能力建设。通过"一带一路"倡议、上海合作组织、中国—东盟等区域合作机制和南南合作，以及亚洲基础设施投资银行和金砖国家新开发银行撬动民间绿色投资的作用，推动区域性绿色金融国际合作，支持相关国家的绿色投资。2015 年末，在中国的推动下，G20 将绿色金融列入了 2016 年议题，并批准了中国提出的成立 G20 绿色金融研究小组的建议。该研究小组由人民银行和英格兰银行担任共同主席。在 2016 年 9 月 6 日公布的《G20 领导人杭州峰会公报》中，首次将绿色金融列入议题。二是积极稳妥推动绿色证券市场双向开放。支持中国金融机构和企业到境外发行绿色债券。充分利用双边和多边合作机制，引导国际资金投资于中国的绿色债券、绿色股票和其他绿色金融资产。鼓励设立合资绿色发展基金。支持国际金融组织和跨国公司在境内发行绿色债券，开展绿色投资。三是推动提升对外投资的绿色水平。鼓励和支持中国金融机构、非金融企业和中国参与的多边开发性机构在"一带一路"和其他对外投资项目中提高环境信息披露水平，使用绿色债券等绿色融资工具筹集资金，开展绿色供应链管理，探索使用环境污染责任保险等工具进行环境风险管理。

（二）主要成效

近年来，在党中央、国务院的正确领导下，在新发展理念的引领下，在各方面的共同努力下，中国绿色金融发展取得了多方面的成绩，呈现出全面提速的良好态势。这主要体现在五个方面。

一是绿色融资渠道不断拓宽。一方面，绿色债券市场取得飞跃式发展。2016 年，中国在境内外绿色债券的发行规模达到约 2 300 亿元，占同期全球绿色债券发行量的近 40%，中国一跃成为全球最大的绿色债券市场。另一方面，绿色信贷规模持续增长，环境效益显著。此外，绿色 ABS、绿色资产担保债权、绿色基金等创新型金融产品也不断涌现。

二是碳金融市场稳步发展。截至 2016 年末，全国 7 个碳排放交易试点省市共纳入控排企业和单位超过 2 000 家。各地陆续推出了碳配额场外掉期、碳配额远期、碳债券、碳配额回购等试点，交易工具和产品日趋丰富。

三是绿色金融发展的生态环境进一步优化。绿色金融理念不断深入人心，重视声誉的、负责任的投资者不断增多。越来越多的金融机构将环境风险的监测、识别、控制与缓释等植入日常经营管理，积极加强绿色金融能力建设，加大绿色金融产品创新力度。

四是绿色金融国际合作亮点纷呈。由中国倡议设立、中英两国央行共同主持的 G20 绿色金融研究小组所提出的发展绿色金融的七项倡议写入了 G20 领导人杭州峰会公报，大大推进了绿色金融议题在全球的主流化进程。中英通过双边合作推动中资机构在英国成功发行绿色债券，中美也在绿色金融领域开展了双边合作。

▼ 专栏10

G20 倡议 "推动绿色金融的自愿原则"

G20 倡议 "推动绿色金融的自愿原则"，旨在引导各国政府、国际组织和私人部门来共同推动、完善和推广可持续银行业（绿色信贷）原则、责任投资原则和其他绿色金融领域的自愿原则。

目前国际上比较流行的绿色金融自愿原则主要包括赤道原则、责任投资原则等体现环境可持续发展理念的原则。这些原则的目的是指导金融机构在决策过程中有效地识别、度量、监测、控制投融资活动中的环境和社会风险，以促进有助于改善环境和有积极社会效益的投资活动，抑制对环境和社会有害的投资活动。通过把环境因素整合到决策过程，金融机构还可以更有效地管理环境等因素带来的商业和法律风险，有助于提升金融机构的稳健性。

赤道原则（Equator Principles，EPs）是金融机构在识别、评估和管理项目融资中的社会和环境风险时可自愿遵守的一套标准，被许多金融机构视为指导可持续项目融资的 "黄金标准"。该原则的基础是世界银行的《关于环境、健康和安全的标准》和国际金融公司的《环境和社会可持续性绩效标准》，目的是提供一个帮助金融机构管理与项目融资有关的环境和社会风险的基准和框架。该原则由荷兰银行、巴克莱银行、西德意志州立银行和花旗银行于 2002 年发起。截至 2016 年 9 月，已被来自 35 个国家和地区的 84 家金融机构采纳，中国的兴业银行于 2008 年加入了赤道原则。截至 2016 年 9 月，加入赤道原则的银行已经覆盖了 70% 以上的新兴市场的国际项目融资交易额。赤道原则为金融机构的环境风险管理提供了一个重要的基准，但其内容还仅仅限于项目融资。目前包括共同基金、保险公司、养老基金和主权财富基金在内的机构投资者在全球管理的资产超过100万亿美元。

责任投资原则（Principles for Responsible Investment，PRI）要求投资者清晰认识到环境、社会和公司治理（ESG）问题，倡导在投资决策过程中应充分考虑环境、社会和公司治理因素。绿色金融中的"绿色"，即环境因素，是责任投资需考虑的三大因素之一。责任投资原则包括六条内容：将环境、社会和公司治理问题纳入投资分析和投资决策过程中；作为股东，推动被持股企业在决策中考虑环境、社会和公司治理因素；要求被投资企业（如机构投资者持有的上市公司）披露环境、社会和公司治理方面的信息；提升投资者对责任投资原则的共识，并强化实施；共同努力提高实施责任投资原则的有效性；公开执行责任投资原则的具体活动。责任投资原则发起于2006年，并在此基础上成立了联合国责任投资原则机构（UN PRI）。该原则自提出以来，受到了来自国际上许多机构投资者的积极支持。2006年，全球责任投资原则的签署机构仅为100家，管理的资产为6.5万亿美元；而截至2016年8月，签署机构数上升到1 555家，管理资产超过65万亿美元。在G20范围内，截至2016年3月，共有1 330家机构成为责任投资原则的签署机构。签署机构最多的地区是美国和欧洲，分别为256家和696家，新兴市场国家的数量上升得也很快，例如巴西有57家、南非有52家。展望未来，随着绿色金融理念的逐步推广，各种绿色金融的自愿原则有望得到更多国家和金融机构的支持。在借鉴国际经验的基础上，各国政府和私人部门也可根据本国的情况建立和推广适合本地的绿色信贷与责任投资的原则。在中国，中国金融学会绿色金融专业委员会于2016年7月与联合国责任投资原则机构合作开展了对国内机构投资者的首次关于责任投资的培训活动，受到了60多家机构投资者的欢迎。

第二节 五省（区）绿色金融改革试验区建设

一、改革背景

建设绿色金融改革创新试验区是贯彻新发展理念，落实《生态文明体制改革总体方案》《政府工作报告》和《关于构建绿色金融体系的指导意见》的重要举措。部分条件较好的地区率先开展绿色金融改革创新试点，立足本地、突出重点，探索绿色金融体制机制创新，加大金融对改善生态环境、资源节约高效利用等的支持，以解决突出的生态问题为重点，对调结构、转方式、促进生态文明建设具有重要意义，也可以为中国经济发展绿色转型提供可复制、可推广的经验借鉴。2017 年 6 月 14 日，国务院第 176 次常务会议决定，在浙江省、江西省、广东省、贵州省、新疆维吾尔自治区五省（区）选择部分地方，建设各有侧重、各具特色的绿色金融改革创新试验区。

浙江省、广东省、新疆维吾尔自治区、贵州省和江西省五省（区）具有良好的生态资源禀赋，在金融助推绿色发展、生态环境治理等领域做了大量积极有益的探索，并取得了一定成效。

（一）浙江省湖州市、衢州市

在浙江省湖州市考察时，习近平总书记提出"绿水青山就是金山银山"。湖州、衢州两市在水环境综合治理、美丽乡村建设、生态循环经济发展等方面的基础条件良好。湖州市是全国地级市中首个生态文明先行示范区、全国五个编制自然资源资产负债表的试点地区之一。衢州市是浙江省率先开展绿色金融综合改革的试点城市。近年来，湖州市和衢州市坚持先行先试，以构建绿色金融体系为工作重心，在金融助推绿色发展、城乡统筹发展、生态环境治理等领域积极探索，不断推动金融、科技、文旅、互联网等高端要素的渗透融合，积极开展绿色信贷、绿色保险、绿色证券、绿色债券、绿色基金等相关金融产品创新。湖州市编制了全国第一个地方性绿色金融发展规划，率先建立全国首个地级市的系统性绿色金融统计制度。湖州市安吉农商银行率先成立绿色金融事业部，是全国首个建立绿色专营机制的地方性法人机构。衢州市积极开发绿色保险产品，首创推出"生猪保险"统保与无公害化处理相结合的新模式，以及家庭农场小额贷款保证保险、安全生产和环境污染综合责任保险等创新产品。

2016 年，湖州市和衢州市的绿色金融创新和供给进一步加速，金融助推经济绿色转型升级的力度持续增大。在绿色信贷方面，截至 2016 年 12 月末，湖州市绿色信贷余额达 454.7 亿元，占全部贷款余额的 16.49%，比年初增加 169.3 亿元，占全部新增贷款的 76.09%，衢州市绿色信贷余额达 124.24 亿元，比年初增加 11.3 亿元，同比增长 9.98%，高出各项贷款平均增速 6.11 个百分点。在绿色直接融资方面，2016 年湖州市金融机构通过绿色金融债专项资金、绿色债务融资工具等累计为绿色项目直接融资近 200 亿元。在绿色保险方面，2016 年湖州市绿色保险承保金额达 269.10 亿元，保费收入达 5 773.62 万元，理赔 5 438.27 万元。在绿色产业基金方面，2016 年衢州市共设立不同运行模式的绿色产业基金 7 只，到位资金 15.65 亿元。在碳金融方面，2016 年湖州市完成 8 家企业用能总量指标交易和 15 家企业碳交易试点，开展了全国首个竹林经营碳汇项目，涉及 21 394 亩竹林，预计累计减排量约为 25 万吨二氧化碳当量。

（二）广东省广州市

广东省是全国的经济大省，民营经济活跃程度、现代服务业产业基础、客货运量等各项经济指标均位居全国前列。广州市是国家重要的中心城市，地区生产总值连续27年居全国第三位，一般公共预算收入达1 349.1亿元，拥有9个千亿元级产业集群，吸引了200多家世界500强企业在穗投资，综合经济实力强劲。

目前，广州市已经形成业态丰富、结构合理、服务高效、安全稳健的现代金融服务体系。截至2016年末，广州市共有持牌金融机构281家（其中法人金融机构52家），类金融机构超过1 800家。2016年实现金融业增加值1 800亿元，居全国大城市第四位，金融业成为广州市产值第五大的支柱产业；金融业增速为11%，在全市服务业增速中排名第二；金融业占全市地区生产总值的比重达9.2%，拉动地区生产总值增长1个百分点，成为支撑广州市经济增长的主要力量之一；全市本外币各项存款余额达4.75万亿元，同比增长10.9%，贷款余额达2.97万亿元，同比增长8.7%，居全国大城市第四位；全市证券交易额达14.18万亿元，期货代理交易额达3.84万亿元；境内外上市企业达133家，总市值达2.15万亿元；保费收入达1 166.2亿元，占全省（含深圳）保费收入的30.5%，同比增长64.2%，居全国大城市第三位。

（三）新疆维吾尔自治区哈密市、昌吉州、克拉玛依市

新疆维吾尔自治区（以下简称新疆）作为丝绸之路经济带核心区，正处在加快向西开放和建设绿色丝绸之路的重要历史机遇期。新疆自然净化度高，农业总体污染不大，工业处于起步阶段。区位和自然资源优势明显。近年来，新疆积极践行"建设美丽新疆，共圆祖国梦想"的要求，大力实施"洁净新疆"发展战略，主动适应经济发展新常态，着力推进供给侧结构性改革，支持产业结构调整和转型升级，大力发展新能源、新型装备制造、现代农业等新兴产业，取得明显成效。

哈密市、昌吉州、克拉玛依市是新疆丝绸之路经济带核心区的区域中心城市，生态文明建设条件良好、基础扎实。哈密市在全区率先开展

区域发展战略环境影响评价，建立了严格的水资源管理体系，被国家水利部命名为"全国节水型社会示范地区"，生态环境建设明显加强。昌吉州已基本形成主体功能区布局和生态安全屏障，生产方式和生活方式的绿色、低碳水平持续上升，资源开发利用效率大幅提高，生态环境质量总体稳定并趋于改善。克拉玛依市重点围绕装备制造、技术服务、新能源、新材料等高新技术领域，促进先进技术加快向战略性新兴产业转移和转化。

目前，哈密市、昌吉州、克拉玛依市已基本形成业态丰富、结构合理、服务高效，并与发展绿色经济相适应的现代金融服务体系。截至2015年末，哈密市、昌吉州、克拉玛依市共有金融机构62家（其中法人金融机构15家）、保险机构58家、证券营业部14家、小额贷款公司56家；本外币各项存款达3 448.9亿元，较2010年末增长1.13倍，年均增速达到16.32%；本外币各项贷款达1 899.2亿元，较2010年末增长2.1倍，年均增速达到25.36%；共有14家企业在新三板挂牌成功；保费收入共计55.92亿元；融资担保机构、社会征信体系建设也取得长足发展，金融基础设施完善，并健康、有序、高效运转。

（四）贵州省贵安新区

贵安新区是贵州省目前唯一的国家级新区，生态环境优越，自然资源禀赋良好。贵安新区设立时间短，没有遗留的历史包袱，也不存在固有的体制壁垒，改革创新的历史负担小，后发优势明显。近年来，贵安新区以"建设成为经济繁荣、社会文明、环境优美的西部地区重要的经济增长极、内陆开放型经济高地和生态文明示范区"为基本定位，围绕高端化、绿色化、集约化的要求，着力发展以电子信息、高端装备制造、生物科技、现代服务业为支柱的产业体系，并取得积极成效。截至2016年末，五大支柱产业分别实现增加值21亿元、17亿元、5.6亿元、2亿元和2.3亿元，分别占全区地区生产总值的18.58%、15%、

5.1%、1.7% 和 2%，增速分别达到 29.3%、35%、41%、102% 和 17%。绿色化的产业结构为开展绿色金融改革创新奠定了坚实的产业基础。

总体来看，贵安新区已集聚了多种形态的金融资源，初步形成了多层次金融市场体系。截至 2016 年末，贵安新区共计完成招商引资项目 357 个，项目累计投资规模达到 1 588 亿元。其中引入金融机构 229 家，包括银行业金融机构 13 家、保险机构 2 家、小额贷款公司 5 家、担保公司 9 家以及类金融机构 200 家，全年实现金融业增加值 10.5 亿元，占全区地区生产总值的 9.2%。

（五）江西省赣江新区

江西省生态秀美，绿色资源丰富，森林覆盖率稳定在 63.1%，湿地保有量达到 91 万公顷，居全国前列；万元地区生产总值能耗同比下降 4% 左右，工业固体废弃物综合利用率、主要再生资源回收利用率分别达到 57% 和 65%。

赣江新区依山傍水，东临中国最大的淡水湖鄱阳湖，西靠庐山、云居山、柘林湖、梅岭、滕王阁等国家级风景名胜区，赣江、修河及其主要支流纵横交错，主要河流断面水质常年保持在 Ⅲ 类以上，水资源丰沛，拥有多处省级森林公园和湿地，生态系统和自然景观多样，可开发利用土地较多，资源环境承载能力较强，具备人口和产业集聚的有利条件。

赣江新区区位优势明显，地处国家城镇化战略格局长江横轴和长江中游城市群京九发展轴的交汇处，向东向南连接长江三角洲、珠江三角洲和海峡西岸经济区，向西向北与武汉城市圈、环"长、株、潭"城市群和皖江城市带联动，是全国唯一的同时毗邻长江三角洲、珠江三角洲和海峡西岸经济区的国家级新区，具有承东启西、沟通南北的重要战略地位。从产业基础看，赣江新区拥有国家级南昌经济技术开发区和多个省级产业园区，高端装备制造、汽车及零部件、生物医药、电子信息、新材料和现代物流等绿色产业集群初步形成。

二、主要改革措施及成效

2017 年 6 月 23 日，经国务院同意，人民银行、发展改革委、财政部、环境保护部、银监会、证监会、保监会联合印发了《浙江省湖州市、衢州市建设绿色金融改革创新试验区总体方案》《广东省广州市建设绿色金融改革创新试验区总体方案》《新疆维吾尔自治区哈密市、昌吉州和克拉玛依市建设绿色金融改革创新试验区总体方案》《贵州省贵安新区建设绿色金融改革创新试验区总体方案》《江西省赣江新区建设绿色金融改革创新试验区总体方案》。

五省（区）绿色金融改革创新方案内涵统一，坚持创新、协调、绿色、开放、共享新发展理念，以金融创新推动绿色产业发展为主线，以制度创新为重点，充分发挥市场配置资源的决定性作用，在强调构建绿色金融组织体系、创新绿色金融产品和服务方式、拓宽绿色产业融资渠道、发展绿色保险、夯实绿色金融基础设施、构建绿色产业改造升级的金融服务机制、构建绿色金融风险防范化解机制等共性改革任务基础上，密切结合各自特色，探索差异化试点，各有亮点、各有侧重。

浙江省湖州市、衢州市重点围绕"构建绿色金融组织体系，支持金融机构设立绿色专营机构，探索开展绿色银行评级；拓宽绿色产业融资渠道，支持金融机构发行绿色金融债券；发展绿色保险，探索绿色企业贷款保证保险；建立绿色信用体系，加强信息共享，完善部门联动协作机制；构建绿色金融风险防范化解机制，建立健全风险预警机制及合理投融资风险补偿制度"等十项主要任务开展试点。广东省广州市重点围绕"支持绿色产业拓宽融资渠道，在绿色循环低碳发展项目领域发行绿色债券融资；稳妥有序推进环境权益交易市场建设；加快发展绿色保险，探索开展绿色企业贷款保证保险，健全环境损害赔偿机制；构建绿色金融服务主导产业转型升级发展机制，完善信息披露机制和绿色金融统计工作；建立绿色金融风险防范化解机制，完善绿色项目投融资风险预警和补偿制度"等九项主要改革任务开展试点。新疆哈密市、昌吉州和克拉玛依市围绕"加快发展绿色保险，推广环境污染强制责任保险；构建绿色金融服务产业转型升级发展机制，完善绿色金融服务平台和备选项目库；建立绿色金融支持中小城市发展和特色小城镇的体制机制，构建绿色金融风险防范化解机制"等九项主要改革任务开展试点。贵州省贵安新区围绕"拓宽绿色产业融资渠道，充分发挥金融市场支持绿色融资的功能；夯实绿色金融基础设施，利用大数据技术完善信息共享机制，建立绿色金融服务平台和绿色企业（项目）库；构建绿色金融风险防范化解机制，加强对与绿色投资相关的金融风险监管"等六项主要改革任务开展试点。江西省赣江新区围绕"创新发展绿色金融产品和服务，探索设立财政风险缓释基金，探索抵（质）押融资模式创新；拓宽绿色产业融资渠道，支持发行绿色债券或项目支持票据；稳妥有序建设环境权益交易市场，依法合规开展绿色金融资产交易；建立绿色金融风险防范机制，健全责任追究制度，依法建立绿色项目投资风险补偿制度"等八项主要改革任务开展试点。

（一）主要改革措施

加快体制机制创新。一是创新金融组织体系，支持金融机构设立绿色金融事业部或绿色专营机构等。二是鼓励发展绿色信贷，探索特许经营权、项目收益权和排污权等环境权益抵（质）押融资。三是加快发展绿色保险，创新生态环境污染责任保险产品。四是鼓励绿色企业通过发债、上市等融资，支持发行中小企业绿色集合债。五是探索建立排污权、水权、用能权等环境权益交易市场。六是建立绿色金融支持中小城市和特色小城镇发展的体制机制，加大绿色金融对中小城市和特色小城镇绿色建筑与基础设施建设的支持力度。

完善促进绿色金融发展的正向激励机制。发挥好专业化担保机制、财政贴息等的作用，降低绿色融资成本，提升绿色项目的商业可持续性。

积极推动绿色金融领域的能力建设。通过改进技术手段和业务培训等途径，进一步提升金融机构在绿色金融产品开发、环境风险管理、绿色可持续投资等的能力和水平，培养和造就更多绿色金融领域的专业人才。同时，完善与绿色金融相关的监管机制，提高监管有效性，有效防范和化解金融风险。

多引入社会资本参与改革试点。一是支持创投、私募基金等境内外资本参与绿色投资。二是通过政府和社会资本合作模式支持中小城市环境综合治理、城市节能低碳环保基础设施建设等。

推动绿色金融领域的国际合作。一是推广和借鉴国际标准和规则，履行巴黎协议等国际减排责任。二是加强 G20、"一带一路"绿色发展国际联盟、金砖国家等多边国际合作框架下的绿色金融合作。三是深化中英、中卢等双边框架下的绿色金融国际合作。四是引入绿色金融业务较为成熟的国际银行业金融机构，借鉴交流发达国家和国际知名银行业金融机构的绿色信贷政策、行业准则和绿色信贷产品创新模式。五是支持符合条件的境外资金进入试验区设立机构，开展绿色项目投资。

优化金融基础设施。一是建立企业污染排放、环境违法违规记录等信息共享平台，建设绿色信用体系。二是推广和应用电子汇票、手机支付等绿色支付工具。三是推动绿色评级等金融基础设施建设。

建立绿色金融风险防范机制。一是统一绿色项目界定标准，特别是绿色债券的界定标准。二是规范认证评级市场的发展，提高环境信息披露要求，保证绿色金融支持项目的"绿色性"，防范"洗绿"风险。三是给予绿色金融适当的财政支持和税收优惠，提高绿色项目投资回报率和融资便利性，降低绿色项目融资成本，提升绿色项目的吸引力。四是督促地方政府依法建立绿色项目投融资风险补偿机制，建立风险分担机制。

加大政策支持。一是人民银行运用再贷款、再贴现等货币政策工具，对试验区在绿色信贷方面表现优异的地方法人金融机构和全国性、区域性金融机构的分支机构给予一定政策倾斜。二是协调"银、证、保"等监管部门在机构分设、业务创新和推广等方面予以支持等。三是协调环保、林业、水利部门和金融机构等，联合研究创新金融工具，重点支持空气污染、土壤污染和流域水环境联防联治。

发挥好地方政府在推动绿色金融发展中的积极作用。很多绿色项目具有外部性强、区域特征明显等特点，需要发挥地方政府的积极性。鼓励具备条件的地方政府结合本地区的实际，在建立健全绿色产业与绿色金融联动机制、风险预警机制、项目成本收益分担与共享机制等方面进行探索，为推动绿色金融发展积累可复制、可推广的经验。

（二）取得的成效

绿色信贷结构进一步优化。截至 2016 年末，浙江省湖州市"两高一剩"贷款余额达 26.58 亿元，较年初下降 4.7 亿元，绿色信贷余额达 454.7 亿元，占全部贷款余额的 16.49%，比年初增加 169.3 亿元，占全部新增贷款的 76.09%。

对绿色产业的支持成效明显。截至 2016 年末，浙江省湖州市银行业支持企业绿色转型升级项目 27 个，涉及金额 43.85 亿元，支持莫干山国际旅游度假区项目等轻资源、绿色友好项目 14 个，涉及金额 64.6 亿元，支持以五水共治为主要代表的环境整治类项目 15 个，涉及金额 99.83 亿元，其中环境整治类项目实现 100% 的项目对接率。湖州市银行业共对接"湖州绿色产业基金""白茶产业基金"等专项产业基金 7 只，涉及金额 119.5 亿元，其中银行出资 84.98 亿元，占比 71.1%。

为经济绿色转型升级创造新引擎。2016 年，江西省金融业增加值突破1 000亿元，占地区生产总值和服务业增加值的比重达6%和15%，对经济增长和服务业增长的贡献率分别为9.9%和21.3%。2016年末，绿色信贷余额达1 392亿元，较年初增长52%。产业结构更趋平衡，2016年，全省高新技术产业占工业增加值的比重达30%左右，服务业增加值占地区生产总值的比重突破40%。航空、新型电子的主营业务收入分别增长10%、25%以上。节能减排力度加大，万元地区生产总值能耗下降4%。

第十章
区域金融改革工作展望

伴随经济进入新常态，我国面临的发展环境更加严峻复杂，发展任务艰巨，发展要求高，在此背景下，只有坚定深化改革才是引领经济发展新常态的出路。人民银行将继续按照党中央、国务院的决策部署，将区域金融改革推向纵深，围绕供给侧结构性改革，践行新发展理念，探索培养竞争新优势，有步骤、有重点、有针对性地深入推进自贸区金融开放创新、绿色金融、农村金融、普惠金融等改革试点工作，并更好地统筹和规范试点工作，加强跟踪评估，确保区域金融改革稳步有序推进。

继续深化自贸区金融开放创新试点。自贸区金融开放创新将继续全面贯彻党的十八大和十八届三中、四中、五中、六中全会精神和习近平总书记系列重要讲话精神与治国理政新理念、新思想、新战略，统筹推进"五位一体"总体布局和协调推进"四个全面"战略布局。坚持稳中求进工作总基调，坚定践行新发展理念，以制度创新为核心，解放思想、勇于突破、当好标杆。同时，进一步对标国际最高标准，查找短板弱项，大胆试、大胆闯、自主改，坚持全方位对外开放，推动贸易和投资自由化、便利化，加大压力测试，切实有效防控风险，以开放促改革、促发展、促创新；主动服务"一带一路"建设和长江经济带发展，形成经济转型发展新动能和国际竞争新优势；更大力度转变政府职能，加快探索一级地方政府管理体制创新，全面提升政府治理能力；发挥先发优势，加强改革系统集成，力争取得更多可复制推广的制度创新成果，进一步彰显全面深化改革和扩大开放"试验田"的作用。主要方面如下。

一是坚定不移地推进金融改革开放，支持金融业对外资实行准入前国民待遇加负面清单管理模式。根据积极稳妥、把握节奏、宏观审慎、风险可控的原则，稳妥有序地推进各项金融开放举措。对标 TPP 金融服务业开放标准，实施高标准对外开放。应参照 TPP 相关规则，除列入负面清单的外，取消金融机构准入持股比例限制；放开对金融机构高管和董事会成员的国籍要求；放开对跨境保险服务的限制；放开对跨境电子支付的限制；允许外国金融机构接入东道国支付和清算系统等。

二是积极在自贸区先行先试资本项目可兑换。根据党的十八届五中全会提出的有序实现人民币资本项目可兑换的总体要求，合理把握节奏和进度，稳妥有序地推进资本项目可兑换。支持在全口径宏观审慎政策框架下开展跨境融资业务，鼓励金融机构和企业在符合宏观审慎管理制度的前提下从境外融入资金。有序引入境外长期资金逐步参与境内股票、债券、基金等市场。支持开展合格境外有限合伙人制度，鼓励境外投资机构发起设立合伙制人民币私募投资基金，向境外投资人募集外币资金结汇后用于境内投资。进一步扩大债券、外汇市场开放。支持中国外汇交易中心建设国际金融资产交易平台，增强平台服务功能。进一步推动银行间债券市场对外开放，引入更多符合条件的境外机构投资者。

三是探索开展金融业综合监管试点。党中央、国务院明确提出要健全符合我国国情和国际标准的监管规则，建立针对各类投融资行为的功能监管和切实保护金融消费者合法权益的行为监管框架，实现金融风险监管全覆盖。自人民币跨境支付系统（一期）成功上线以来，人民银行认真总结上海自贸区自由贸易账户管理和自贸区宏观审慎管理经验，在党中央、国务院的统一部署下，人民银行可以牵头金融业综合监管试点，会同相关部门完善金融监管体制的制度设计，加强顶层设计和基层探索的协调，可以考虑适时在包括上海自贸区、广东自贸区、深圳前海蛇口片区等地区先行先试，推动监管体制机制及方式、措施与国际接轨，为推进我国金融监管体制改革积累经验。

四是继续完善金融风险监测评估机制，加强对重大风险的识别和系统性金融风险的防范。人民银行将继续加强日常风险监测和评估，不断完善金融风险监测指标体系和评估方法，进一步开展金融机构稳健性现场评估和金融稳定压力测试，不断提高风险监测的前瞻性和科学性。加强对各类资产管理业务、交叉性金融产品发展及潜在风险的监测。进一步加强重点领域的风险监测和排查，不断完善金融风险应对和处置机制，继续扎实做好存款保险制度的实施工作，完善金融安全网。进一步推动落实地方金融监管责任，切实发挥好地方政府在防范化解金融风险、打击金融犯罪、维护地方经济和社会稳定中的作用。强化底线思维，采取综合措施，守住不发生系统性风险的底线。

五是深入研究针对自贸区金融行业的减税措施。例如，上海要打造具有国际竞争力的金融中心，必须要有竞争性的税收优惠政策。下一步，建议参照欧盟、新加坡、迪拜等国家和地区关于自贸区的优惠税收政策，重点围绕金融服务领域，加快离岸金融业务、金融保险业务的税制改革试点，深化境外股权投资、融资租赁等的税制改革，探索建立税制简化、税负较轻的功能性税收政策支持体系。

新设七个自贸区的金融开放创新也应当紧扣制度创新这一核心，对标高标准的国际经贸规则，在更广领域、更大范围形成各具特色、各有侧重的试点格局，在充分吸收前两批自贸区建设经验的基础上，紧密结合自身特色和定位，形成特色化发展。

以增加绿色金融供给、推动我国经济绿色转型升级、实现经济社会可持续发展为目标，推进绿色金融改革试点工作。深入贯彻《中共中央、国务院关于加快推进生态文明建设的意见》（中发〔2015〕12号）、《生态文明体制改革总体方案》精神和党的十九大报告，切实做好浙江、广东、新疆、贵州和江西等地绿色金融改革创新试点工作。指导相关地区以金融创新推动绿色产业发展为主线，以制度创新为重点，在构建绿色金融服务体系、发展绿色金融组织机构、创新绿色金融业务与产品、优化绿色金融发展政策环境等方面，先行先试，为金融支持生态文明建设和推动经济向绿色化转型探索可复制、可推广经验。

将农村金融改革推向纵深。农村金融改革要牢牢把握"金融服务实体经济"特别是推进农业供给侧结构性改革的本质要求，坚持市场化发展和政策支持有机结合的基本取向，着力提升农业供给质量，在促进农业提质增效的同时，推动农村经济的全面发展和农民收入的持续提高。下一步农村金融改革的推进，要继续按照放宽准入、深化改革、健全风险防控机制的原则，促进农村金融适度竞争；推进金融机构产品和服务创新，加大对重点领域的支持力度；完善扶持政策体系，推动政策实施方式由选择性向功能性逐渐转型；加强统计考核，以"三农"金融取代现有"涉农贷款"口径；完善农村金融生态环境。力争在中央有关部门的指导和各级政府的精心组织下，走出一条各具特色、改革创新的农村金融发展之路。

进一步推进普惠金融改革试点。普惠金融改革试点是人民银行为提升我国金融服务水平，让所有市场主体都能分享到金融服务的雨露甘霖而采取的重要举措，也是党中央、国务院为在"十三五"末期全面实现小康社会而采取的战略举措。从2015年10月浙江省宁波市开展普惠金融改革试点以来，普惠金融改革试点还不到两年，在取得一定成效的同时，还面临诸多问题和挑战，特别是在财政投入逐步受限的制约下，能否在有效扩大金融服务供给的同时，有效解决金融机构开展普惠金融的商业可持续性，仍需深入探索。下一步，普惠金融改革各试点地区要在切实落实试点方案提出的任务、目标的同时，在体制机制创新和强化金融基础设施建设、打造可持续发展的普惠金融生态上下功夫。

加强区域金融改革的统筹、引导与规范。下一步，将加强区域金融改革试点工作的统筹、规范和推进，更加注重推动改革举措的落地生根和改革试点经验的梳理、总结，合理把控新增试点的布局和节奏。重点抓好以下几个方面：一是加强对区域金融改革的统筹、引导，充分发挥地方改革的积极性和主动性，形成各地区你追我赶、创新发展的区域金融改革格局，加强金融服务实体经济的能力，为全国层面的整体改革积累经验。二是落实好已经出台的各地改革试点举措，交流、总结、梳理各地改革经验，巩固、扩大已经取得的改革成效。三是建立健全改革试点的阶段性评估机制和奖惩机制，及时加强对各地区改革进展情况的跟踪和评估。四是在科学评估的基础上，积极推广区域金融改革取得的成功经验和可借鉴、可复制、可推广的具体做法。对于改革试点过程中涌现出的一些好的经验做法，及时在不同层面和范围内予以总结宣传。

附录
相关重要文献选编

我国金融改革中自下而上的组成部分[①]

周小川

自上而下和自下而上两种改革方式并存、互补

国际金融危机后，全球经济要实现强劲、平衡、可持续的增长，面临着一系列的挑战。应对这些挑战，很大程度上取决于相关各项改革的进程，以及推进改革的决心。

需要在哪些领域推进改革呢？很多人都比较注意观察那些由中央作出强劲决策并推行的改革决策，比如近年来我们所看到的一些金融

---

① 本文为周小川行长 2012 年 11 月 17 日在国际金融论坛上的讲话，后发表于 2012 年第 23 期《中国金融》。

改革，如大型商业银行改革、汇率改革、利率改革，以及为应对危机而采取的相关改革。这些改革的确是由党中央、国务院决策，自上而下地部署和推动的。但就中国整个改革的策略来讲，应该看到，改革既有自上而下的，也有自下而上的，也就是通过试点，取得经验，完善方案并加以推广的方式。两年前，我曾提到这个题目，建议大家关注一些领域自下而上的改革，从而对整个改革有一个更具全局性的看法（2010 年 11 月 20 日，周小川行长在中国经济学家年度论坛暨中国经济理论创新奖颁奖典礼上就"整体改革论"作了演讲，其中特别强调，"整体改革结合了自上而下和自下而上的两种推动方式"——编者注）。其中，也包括金融改革。

多数人都认为，一般情况下金融改革只能采取自上而下的方式进行，因为金融市场是一个流动性很强、非常活跃的市场，如果在某一个局部——不管是局部的地方或者局部的产品进行改革，改革的外溢性（Spillover）会很强。改革的初衷可能是想限定在一定范围内进行试点，但实际效果是往往管不住，从而会对邻居产生正的或负的影响。限于局部范围的试点改革可能还会导致不公平竞争。也就是说，金融本来是垂直管理、"全国一盘棋"的，但如果有的地方享受某种改革政策，有的地方不享受，或者享受另外一种改革政策，这样就会在金融资源配置上产生不公平问题。总之，外溢性可能较大，不易控制，也影响对改革效果的观察和评估。

从我国改革的实际进程看，金融领域自上而下和自下而上的改革确实都存在。除了大家比较熟悉的自上而下的改革，应该说，自下而上的改革也比较多，地方和基层的改革积极性很高，很多地方政府、城市政府，以及一些机构都积极要求进行改革试点。其中一个原因，就是它们普遍认识到，只有通过改革，才能巩固地方的经济社会发展，推动本地的各种创新，维护本地的社会稳定。这一点跟有些东欧国家不太一样，在一些东欧国家，出现一个词汇，叫做"改革疲劳症"，人们对改革失去了热心和动力。而在中国，各个方面普遍呈现出比较强的改革热情，不断有基层提出来，希望上级政府或有关部门能批准它们进行改革试点；而且在用词上，经常强调"综合试点改革"，希望得到较全面的政策支持。

为什么在中国这种现象比较多，在其他一些国家、特别是小一点的国家则较少见？我个人分析，主要原因是中国这么大且不平衡、各地情况比较复杂，在推进改革的过程中，一方面，国际上很难提供成熟的经验；另一方面，国家内部很不平衡，城市和农村、东部和西部、工业农业和服务业发展非常不平衡。另外，有些改革可能造成的影响很大，决策层不容易下决心。因此，改革往往从小范围开始，而且要强调改革是一种允许"试错"的过程，可以先试点，如果发现有问题，吸取经验教训，有些措施可以取消，有些措施可予修正，体现为一个不断探索的过程。

现在回顾起来，中国改革其实就是这么逐步推进的。例如，早期改革时批准了深圳、珠海、汕头、厦门四个经济特区，应该说外溢效应、不平等竞争等问题也都存在，与关贸总协定的原则也有冲突。但对于一个大国而言，为了推进改革，当统一部署、全面推进有困难的情况下，充分考虑并权衡上述正、反两个方面的优缺点，有选择地允许一部分地方开展试点，允许创新并积累经验，以此再调动各方对改革给予支持，不失为一种可行的选择。

这么做还有一个好处，就是保护和支持了基层改革的积极性。不管是地方还是企业，它们有改革创新的动力，应该允许它们去考虑如何进行改革，让它们尝试，这也是有一个"试错"的过程，如果错了，就予以纠正或者取消。

此外，改革也是个学习的过程。一开始即便是自认为设计周密的改革，在具体实施时也会发现，设计方案总会有一些缺陷。在试点过程中，就得到了学习和认知的积累。这样，以后就能知道如何更好地去设计、推动下一步以及其他领域的改革。

　　还有争议认为，改革先要立法，只有先立规矩，才能按照新的规则更好地推进改革。但问题是，还没有开始做，怎么知道该如何去立规则呢？有人提出可以借鉴国际经验。的确，在某些领域，我们可以从国际上借鉴相关的规则经验，甚至可以"抄"一部类似的法律。但在另一些领域，也许就不可行，中国这么大，内部发展这么不平衡，而且还是一个转轨经济体，很难确保从国外借鉴的法律真正适用。这就存在一个改革立法与改革实践的关系问题，也存在自上而下还是自下而上的路径选择问题。

几个典型的地方金融改革

　　自上而下的金融改革，大家了解得相对更多一些，近年来，也有若干很重要的领域在推动自下而上的改革，我在这里简要介绍一下。

　　一是上海建设国际金融中心的试点，以国际化和完善金融市场体系为重点。现阶段，中国不大可能同时建成多个国际金融中心，能集中精力把上海国际金融中心建设好就不错了。因此，我们率先允许在上海建设各种类型的金融市场，从股票、期货市场，到金融衍生品市场、黄金市场、外汇市场、债券市场等，银行间拆借市场及其清算所也设在上海，还有一个可算作也可不算作金融市场的钻石市场，等等。可以说，上海集中了国内主要的各类金融市场。尤其是在 2009 年国务院出台《国务院关于推进上海加快发展现代服务业和先进制造业，建设国际金融中心和国际航运中心的意见》后，应该说上海的改革发展进一步加快了，上海在国际化方面的发展状况、在开放政策上的宽容度等方面步子迈得更大了。在金融改革发展方面，上海也进行了大胆创新和有益的探索。近年来，大家讨论比较多的人民币跨境使用试点也是首先选择从上海等四个城市开始的。总体看，目前在金融产品的创新、交易、定价、清算等若干领域，上海正在积极迈向国际金融中心的角色。

二是在珠三角、深圳前海地区开展的以金融对外开放和粤港澳金融合作为重点的改革试点。2012 年 6 月，改革试点已经国务院同意并发布。在改革试验区，对外开放方面的政策会走得更快一些。珠三角地区的改革开始得一直比较早，如很早就允许人民币、港元可更加灵活地存取，当地一些 ATM 都有两个抽屉，客户可以取人民币，也可以取港元。当前的改革试点则将在金融发展方面给予更多的试点政策，主要内容包括：推进城市金融改革创新综合试验，实现金融一体化发展，推动粤港澳金融更紧密合作；深圳前海以我国金融业对外开放试验示范窗口建设为核心加快金融改革，重点探索在前海开展人民币双向贷款等试点。

三是在天津滨海新区开发开放中推出的以完善现代金融服务体系和金融改革创新为要点的试点。这是一个在北方城市开展的试点，于 2008 年 3 月由国务院批准实施，主要目标是支持天津滨海新区创建与社会主义市场经济体制相适应的现代金融服务体系。主要内容包括：开展金融业综合经营试点，增强金融企业服务功能；创新和完善金融机构体系；改革外汇管理制度；积极支持在天津滨海新区设立全国性非上市公众公司股权交易市场；优化金融环境等。

四是在重庆推出的为统筹城乡发展而扩大金融服务的试点，推动建设长江上游区域性金融中心。这项改革由国务院于 2009 年 1 月发文实施，其内容包括：推进金融体制改革，健全金融市场体系，改善城乡金融服务；加快发展多层次的资本市场；探索发行用于市政基础建设的项目收益债券；设立保险业创新发展试验区；开展外汇管理体制改革试点；建立现代农村金融制度，大力推进农村金融产品和服务创新。这项改革的一个特点是促进城乡统筹，或者叫统筹城乡一体化，也就是重庆作为一个直辖市，不仅要推动辖内城区的发展，还要带动周边农村地区的协调发展，是金融业与比较快的城市化进程相配合的一项改革。

五是海峡西岸和平潭地区两岸金融合作的试点，建设两岸区域性金融服务中心。这项改革也是由国务院于 2009 年批准实施，金融改革试点的主要考虑是，大陆和台湾两地经济金融联系日益紧密，人员和业务往来非常活跃，而且还有很大的发展空间，也需要积累经验。因此，在福建平潭这个两岸距离最近的地区开展一些特殊政策试点，主要是着眼于推动对台离岸金融业务，拓展台湾金融资本进入海峡西岸经济区的渠道和形式，建立两岸区域性金融服务中心；进一步扩大两岸货币双向兑换范围，逐步建立两岸货币清算机制。同时，还考虑在平潭设立两岸合作的海关特殊监管区域，探索在金融机构、货币兑换、证券业务、产权交易等方面对台开放。

六是湖南着力于支持"长、株、潭"城市群的金融服务创新综合试点，包括征信和支付结算等金融创新。这一改革试点已由湖南省政府上报国务院，媒体上称为"长、株、潭城市群金融改革"，主要是在湖南长沙、株洲和湘潭三个距离很近的城市，在节能减排、生态环保、产业升级、智力支持和统筹城乡等领域，积极探索建立服务绿色发展模式、服务生态社会和经济协调可持续发展、服务现代产业体系、服务科技创新和人才管理、服务城乡一体化发展的五大金融支撑体系。

七是在新疆开展的以提升边疆和民族地区金融服务水平为重点、支持跨越式发展的金融改革试点。这项改革要体现对中亚地区、特别是上合组织国家的开放政策，形成带有西部特色的开放型发展战略。中国在沿海对外开放方面取得了不少成绩，但是在西部内陆地区，对外开放和发展还有很大的潜力，需要研究探索如何在西部边疆地区促进对外开放。为此，我国还设立了两个新的特区，即霍尔果斯特区和喀什特区，借助早期沿海经济四个特区的经验，推动新疆地区在对外开放上取得进展。金融方面，2009 年全国第一个开展跨境直接投资的人民币结算试点是从新疆开始的。按照试点政策，当地不仅可以在人民币跨境使用方面比其他地区走在前头，在开展跨境直接投资、境外项目人民币贷款、结算上清除了政策障碍。此外，还为新疆地区的企业在银行间市场开通优先发债等开辟了"绿色通道";对新疆边贸企业旅购代理出口采取不收汇核销的特殊政策,等等,以更好地促进当地的经济发展。

八是浙江温州推进的金融综合改革试点,以发展民营金融、改进中小企业金融服务等为要点建设金融综合改革试验区。这一改革试点在前一段时期报道比较多,有正面的,也有负面的。这项改革试点是在2012年3月由国务院决定,2012年7月,人民银行牵头相关部门联合印发了《浙江省温州市金融综合改革试验区总体方案》。改革的主要内容是,引导民间融资阳光化和规范化,改进中小企业金融服务水平,促进民营金融机构的发展,积极探索完善金融市场结构和优化金融竞争格局。目前媒体关注的焦点是,如何放宽民营资本发起设立金融服务类机构和开展个人境外直接投资等问题。温州金融改革试点的一个特殊性在于,改革正好是温州对欧出口遇到困难的时候起步的,因此改革不仅是为了改变现有体制机制,而且还被寄希望于帮助地方解决一些困难。温州对欧洲的出口数量很大,在欧洲主权债务危机爆发后,出口受到重创,导致经济不景气,加上其他一些因素,温州经济出了一些问题。金融改革试点能不能帮助温州克服这些困难呢?恐怕不会这么立竿见影。一方面,金融改革作用于经济增长有个过程;另一方面,经济调整和复苏也有个过程,要触底后再逐步反弹。2012年3月底启动温州金融改革时特别强调,要适度放宽金融业存在的管制,鼓励进一步健全金融组织形式,创新金融产品和发展金融市场,支持民营经济、支持中小微企业,特别要注重服务实体经济,希望通过温州试点为全国创造经验。

九是在福建泉州建设综合改革试验区,探索金融服务实体经济的新途径、新模式。这项改革是国务院新批准的,近期将公布具体的改革试点方案。近年来,我国特别强调金融业要为实体经济服务,但当前条件下金融如何更好地服务好实体经济,需要有一些创新。在这方面,福建泉州走在了前面,有一些设想,先开展局部试点,并观察效果,希望它搞好。改革试点的主要内容是,建立健全服务实体经济的多元化金融组织体系、加大对中小微企业的金融支持力度、提升农村金融服务能力、加强泉台港澳侨金融合作、规范发展民间融资和完善金融风险防范机制。在泉州开展试点还有一个优势，就是泉州与香港、澳门和台湾地区距离均比较近。

十是在浙江丽水推进的以农村信用体系建设为核心的农村金融改革试点。人民银行与浙江省人民政府于 2012 年 4 月联合在丽水开展以农村信用体系建设和林权抵押贷款为要点的农村金融改革试点，这方面已经取得了不少好的成绩，特别是在林权抵押贷款、农村信用体系建设和银行卡助农取款服务等方面取得了进展。

其他领域自下而上的金融改革

除了上述地方性局部改革为代表的自下而上改革试点，还有一些是从局部的金融产品或组织形式开始推行的试点改革，比如前面提到的人民币跨境使用的改革试点，外汇管理服务于贸易投资便利化方面的改革试点，金融支持"三农"方面的改革试点，以及比较具体的农业银行推行"三农"事业部改革试点，等等。

从上面的介绍可以看出，自下而上的改革的一个特点是，种类、名目繁多，各式各样，精彩纷呈。应该说，这也正是自下而上改革的一个优点。世界银行和国际货币基金组织有个词，叫"包容性发展"，我想这个词也可以用于我们自下而上的改革试点。对此，也有人抱怨，认为这样的改革无非就是看地方、部门谁先向中央要政策，要到了就名之为"改革试点"，实际上只不过先行一步罢了，这些政策迟早也会推广、运用到全国。我不这么看，实际上改革试点并不是单纯的政策优惠，也不是多数能最终得以推广实施。只不过大家容易记住的，是那些成功的改革例子，也有不少改革试点在实践中发现有问题，或者得到了纠正，或者就被放弃了，而这些改革试点容易被人们忽略和遗忘。

一个典型的例子是农村信用社改革。农村信用社改革早在 2000 年 8 月就开始在江苏省试点，2003 年重新设计方案在 8 个省试点，2006 年 10 月进一步扩大到 29 个省，到 2007 年 8 月，海南省最后一个实施，至此实现了全国范围内的这一轮农村信用社改革。但现在人们已经遗忘的是，在江苏最早进行改革试点的时候，最初设计的财务方案不太成功，那个方案当然也解决了一些问题，但无法在根本上取得成效，农信社的财务仍不可持续，其推广能获得成功的可能性甚小。为此，在总结经验的基础上又花了很大的工夫修正方案，再按新方案开始试点。可见，改革试点总有不断试错、自我学习、取得经验并不断修正的过程。

可以预见，在今后我国各领域的改革中，自下而上的改革仍然会比较常见。在金融领域，目前还有一些地方在向国务院提出试点改革的要求，比如海南省希望在金融支持国际旅游岛发展方面有一些试点政策，云南省希望在建设面向西南和大湄公河区域开放的桥头堡方面进行试点改革。从金融产品的角度看也是如此，从早期的网上银行试点，到近期的金融 IC 卡推广、第三方支付业务创新，以及现在致力于发展手机支付等，新的改革试点要求也层出不穷。

党的十八大已胜利闭幕，明年初新一届政府也将成立。无疑，换届之后，党中央、国务院仍将一如既往地重视改革的总体设计，推动某些自上而下的重大改革；同时也会充分认识和强调中国是一个大国，有些领域需要继续沿用我们过去所尝试的做法，就是鼓励地方发挥改革积极性、允许试点、鼓励创新，由此积累经验，并把好的经验逐渐推广。

我借国际金融论坛这个机会，介绍一下若干金融政策试点的情况，看起来似乎比较零碎，国际上可能不太引起重视。但我想说，这是中国改革的一个重要组成部分，希望大家给予重视，并予以讨论，这有助于改革在各种评判的基础上，得以更顺利地推进，并提供更多的经验。

参考文献

［1］周小川．我国金融改革中自下而上的组成部分［J］．中国金融，2012（23）：9－12．

［2］周小川．对整体改革理论的几点解释［J］．当代财经，2011（1）：6－7．

［3］周小川．深化金融体制改革［N］．人民日报，2015－11－25．

［4］周小川．全面深化金融业改革开放，加快完善金融市场体系［N］．人民日报，2013－11－18．

［5］陈雨露．深化区域金融合作　推动绿色金融创新发展［N］．金融时报，2016－09－23．

［6］周琰，沈杭．陈雨露：区域金融改革试点要守住风险底线［N］．金融时报，2016－04－25．

［7］潘功胜．"自下而上"的区域金融改革：探索、成效与经验［J］．清华金融评论，2014（7）：20－24．

［8］潘功胜．认真总结推广经验　扎实推进区域金融改革创新［J］．南方金融，2014（12）：4－5．

［9］吴晓灵．顶层设计和金融体制改革［N］．21世纪经济报道，2011－08－29．

［10］陈洪辉．上海推进区域金融改革的思考［J］．科学发展，2013（10）：3－8．

［11］陈元，钱颖一．资本账户开放：战略、时机与路线图［M］．北京：社会科学文献出版社，2014．

［12］陆磊．中国区域金融改革与甘肃金融创新的现实依据与甘肃金融创新的现实依据［J］．甘肃金融，2014（12）：9－11．

［13］马骏．中国绿色金融发展与案例研究［M］．北京：中国金融出版社，2016．

［14］沈立君．区域金融改革与创新：理论基础与政策建议［J］．浙江金融，2016（12）：35－39．

［15］沈明高，徐忠，沈艳．中国农村金融研究［M］．北京：北京大学出版社，2014．

［16］田霖．区域金融成长差异——金融地理学视角［M］．北京：经济科学出版社，2006．

［17］王去非．区域金融改革的目标设定与路径选择：基于浙江案例的研究［J］．南方金融，2017（3）：73－81．

［18］杨雪．区域金融改革实践发展概况、主要特点及借鉴［J］．西南金融，2014（5）：24－26．

［19］殷兴山．区域金融改革路径探索［J］．中国金融，2014（1）：68－70．

［20］曾康霖．二元金融与区域金融［M］．北京：中国金融出版社，2008．

［21］张建华．对浙江省区域金融改革的探索和思考［J］．浙江金融，2014（1）：4－7．

［22］张建华．廓清区域金融改革的几个问题［J］．清华金融评论，2014（1）：4－7．

［23］中国人民大学国际货币研究所．人民币国际化报告（2016）

［M］．北京：中国人民大学出版社，2016．

　　［24］中国人民银行．2016 年人民币国际化报告［M］．北京：中国金融出版社，2016．

　　［25］中国人民银行福州中心支行课题组．福建省区域金融改革创新研究［J］．福建金融，2014（4）：4－10．

　　［26］中国人民银行研究局课题组．深化区域金融改革 不断丰富改革路径［N］．第一财经日报，2013－12－13．